1판 1쇄 발행 2015년 10월 1일 | 1판 4쇄 발행 2019년 6월 20일
2판 1쇄 발행 2022년 3월 15일 | 2판 2쇄 발행 2024년 5월 24일
글쓴이 함석진 | 그린이 박종호
펴낸이 홍석 | 이사 홍성우 | 편집부장 이정은
편집 정미진, 조유진 | 외주편집 스튜디오 플롯 | 디자인 권영은, 김영주 | 외주디자인 신영미, 손현주
마케팅 이송희, 김민경 | 제작 홍보람 | 관리 최우리, 정원경, 조영행
펴낸곳 도서출판 풀빛 | 등록 1979년 3월 6일 제 2021-000055호
주소 서울특별시 강서구 양천로 583 우림블루나인 A동 21층 2110호
전화 02-363-5995(영업) 02-362-8900(편집) | 팩스 070-4275-0445
전자우편 kids@pulbit.co.kr | 홈페이지 www.pulbit.co.kr
블로그 blog.naver.com/pulbitbooks | 인스타그램 instagram.com/pulbitkids

ISBN 979-11-6172-387-7 74500
     979-11-6172-283-2 (세트)

ⓒ 함석진 2015, 2022

*책값은 뒤표지에 표시되어 있습니다.
*파본이나 잘못된 책은 구입하신 곳에서 바꿔드립니다.

품명 아동 도서   사용연령 8세 이상
제조국 대한민국   제조년월 2024년 5월 24일
제조자명 도서출판 풀빛   연락처 02-363-5995
주소 서울특별시 강서구 양천로 583 우림블루나인 A동 21층 2110호
주의사항 종이에 베이거나 긁히지 않도록 조심하세요.
         책 모서리가 날카로우니 던지거나 떨어뜨리지 마세요.
KC마크는 이 제품이 공통안전기준에 적합하였음을 의미합니다.

개정판 작가의 말

현대 과학 기술,
어디를 향해 나아가야 할까요?

　현대 사회는 과학 기술의 발달로 눈부신 발전을 하였습니다. 자동차와 초고속 열차, 비행기로 원하는 곳은 어디든 손쉽게 갈 수 있게 되었고, 여러 날에 걸쳐 오가던 소식도 인터넷을 통해 메일이나 스마트폰 메시지로 빠르게 전할 수 있게 되었지요.

　만약 백 년 전에 서울에 살던 사람이 오늘날 서울 한복판에 떨어진다면 딴 세상이냐고 물을 것입니다. 눈에 보이는 광경을 믿을 수 없을 테니까요. 말을 타고 다녔던 길을 자동차들이 무서운 속도로 달리고, 야트막한 집 대신 하늘을 찌를 듯 거대한 고층 건물들이 빽빽이 들어섰으니, 놀라움을 넘어 충격일 것입니다.

　백 년도 안 되는 짧은 시간 동안, 인류는 좀 더 편리하고 행복한 삶을

위해 과학 기술을 발전시켰고, 놀라운 삶의 변화를 이룩했습니다. 그러나 과학 기술은 우리에게 축복만을 준 것은 아니었습니다.

미래 에너지라 하는 원자력 에너지는 싸고 효율이 높지만, 만에 하나라도 사고가 발생한다면 그 피해의 규모는 이제까지의 모든 이득보다 훨씬 더 클 것입니다. 정보 통신 기술의 발달로 언제 어디서나 먼 곳의 사람과 쉽게 연락을 할 수 있지만, 직접 만나 나누는 따뜻함은 잃게 되었지요. 뇌 과학의 발달로 인간의 머릿속까지 탐구할 수 있게 되었지만, 인간의 고유한 영역이 침범받는 위기에 처했고요.

한쪽 문을 열면 반대편 문이 닫히고, 반대편 문을 열면 다시 한쪽 문이 닫히는 상황에서 우리는 어떠한 선택을 해야 할까요?

　《과학 논쟁》은 바로 그러한 질문에 답하려고 합니다. 그러나 '답'만을 제시하고자 하는 것은 아닙니다. 우리 아이들은 하나의 정답을 수동적으로 익히는 교육을 이미 너무 많이 받아 왔습니다. 그보다는 책을 읽는 과정에서 스스로 정답을 찾을 수 있도록 돕고자 합니다. 《과학 논쟁》은 이를 위해 토론의 형식을 빌려 아이들이 저마다의 답을 찾아가는 과정을 보여 줍니다. 토론에 함께 참여하다 보면, 상반되는 두 개의 길에서 자신에게 맞는 길이 어떤 길인지를 알게 될 것입니다.

　그렇게 찾은 길은 현대 사회를 살아가며 반드시 맞닥뜨리게 될 문제에서 자신에게 맞는 답을 찾아낼 수 있도록 도와줄 것입니다. 주변의 말만 듣고 휩쓸려 가는 사람이 아니라, 자신의 주관을 가지고 길을 찾아내는

사람으로 성장할 것입니다.

  과학은 도구일 뿐, 그것이 천사가 될지 악마가 될지는 쓰는 사람에 달려 있습니다. 이 책이 독자들의 현명한 판단을 도와 미래에는 과학이 모두에게 천사의 모습으로 다가가길 기원합니다.

함석진

차례

개정판 작가의 말   004

1장 원자력 에너지, 정말 필요한 것인가?

세나가 토론 대회에?   016
토론 대회 출전 준비   019
과학 토론은 왜 하는 걸까?   023
대회 시작!   027
원자력 발전이란?   031
원자력 발전은 위험해   035
자연에서도 방사능이 나온다?   039
다른 방법은 없을까?   045
함께 정리해 보기 원자력 에너지 사용 유무에 대한 쟁점   051

2장 과학 기술, 지구 환경에 독일까, 약일까?

두 번째 토론 대회 시작! 056
정말 지구 환경은 나빠진 걸까? 057
지구 환경이 나빠진 것이 온전히 과학 기술 때문? 065
지구 온난화의 위험성 070
중세 온난기 074
함께 정리해 보기 과학 기술이 환경에 미치는 영향에 대한 쟁점 083

3장 우주 개발, 반드시 해야만 할 일인가?

한빛 초등학교의 반격 088
우주 개발은 인류의 꿈 090
꿈이냐 현실이냐? 098
우주 개발, 꼭 해야 하는 것일까? 103
함께 정리해 보기 우주 개발의 필요성에 대한 쟁점 111

4장 디지털 기술, 인간을 소외시키지 않는가?

난 진짜 '세나'와 만나는 걸까?   116
디지털이 전 세계를 하나로 연결하고 있다   118
SNS가 인간을 고독하게 만든다?   121
가상 세계에서의 삶도 삶인가?   130
함께 정리해 보기 SNS와 인간관계에 대한 쟁점   139

5장 뇌의 비밀을 밝히는 뇌 과학, 옳은 것인가?

잠수복과 나비   144
누군가 내 머릿속을 들여다본다?   148
뇌 과학 기술이 슈퍼 인간을 만든다?   156
호르몬으로 인간을 조절한다?   161
함께 정리해 보기 뇌 과학의 연구 윤리에 대한 쟁점   167

6장 과학 기술의 불평등

명성 초등학교 VS 한빛 초등학교　172
과학이 발달할수록 불평등해진다　175
첨단 기술에서 소외된 사람들　179
과학자가 가치 판단을 하지 않을 때　183
모두를 위한 과학 기술　187
마무리, 토론 대회의 승자는?　192
함께 정리해 보기 과학 기술이 야기하는 불평등에 대한 쟁점　199

1장

원자력 에너지, 정말 필요한 건가?

원자력 발전은 우리나라 전기 생산 방식의 약 30퍼센트를 차지하는 중요한 발전 방식이야. 하지만 2011년 일본에서 원자력 발전소 사고가 일어나면서 원자력 발전소의 가장 큰 단점인 '핵폐기물' 문제가 널리 알려졌어. 폐기물에서 나오는 방사능은 생물에 치명적인 피해를 주고, 오랜 시간 동안 사라지지도 않거든. 그런 폐기물이 발전소 사고로 인해서 하루에 약 400~500톤씩 바다로 흘러나왔어. 이후 선진국들은 원자력 발전을 줄이거나 더 이상 늘리지 않는 방향으로 정책을 수정했고, 독일은 2023년까지 원자력 발전을 완전히 중지하겠다고 선언했지. 그렇다면 우리나라는 원자력 발전을 계속해야 할까, 아니면 비중을 줄이다가 결국은 그만둬야 할까? 원자력 에너지가 정말 필요한 걸까?

원자력 에너지 찬성 팀

안나 영민 찬호

한빛 초등학교

원자력 발전소는 어쩔 수 없는 선택이야. 사고가 났을 때 피해가 큰 것은 사실이지만, 다른 대안이 없는 상태에서 원자력 발전을 그만둔다면 그 피해는 사고가 났을 때 못지않아. 현재 원자력 발전은 우리나라 에너지 생산에 큰 비중을 차지하고 있어. 만약 다른 발전 방식으로 대체한다면 전기가 부족해서 큰 불편을 겪을 거야. 산업에 쓸 전기가 없어서 나라 발전도 저해될 거고 말이야. 따라서 원자력 발전은 계속되어야만 해.

원자력 에너지 반대 팀

재중　　　세나　　　강호

명성 초등학교

원자력 발전소가 어쩔 수 없는 선택이라는 것은 거짓말이야. 원자력 발전이 싸다고 말하는 사람들은 사고를 수습하기 위한 비용을 고려하지 않아. 특히 우리나라는 땅이 작은 나라라서 원자력 발전소 사고가 난다면 그 피해는 어마어마할 거야. 그것을 생각한다면 원자력 발전은 결코 싸지 않아. 또한 과거와는 달리 요새는 기술의 발달로 신재생 에너지도 높은 효율을 내고 있어. 당장은 비용이 더 들더라도 조금씩 신재생 에너지로 바꾸어 간다면 미래에 더 큰 이득을 보게 될 거야.

세나가 토론 대회에?

"안녕하십니까, 여러분! 전국 어린이 과학 토론 대회의 사회를 맡은 김성준입니다!"

"와아아아!"

"올해도 역시 전국에서 수많은 학교가 참가 신청을 해 주셨습니다. 하지만 우승의 영광을 차지할 수 있는 학교는 단 한 곳! 과연 어떤 학교가 그 영광을 거머쥐게 될까요?"

꽃피는 5월, 해마다 열리는 전국 어린이 과학 토론 대회가 시작되었다.

"너희 학교도 이번에 저기 나간다며?"

밥상 맞은편의 어머니가 텔레비전을 보다가 갑자기 물었다. 텔레비전에서는 유명한 아나운서 김성준이 전국 어린이 과학 토론 대회에 대한 열변을 토하는 중이었다.

"선생님께 전화가 왔더구나. 너도 이번에 참가할 거라고 말이야."

역시 어머니가 어떻게 알고 있는가 했더니, 다 정보원이 있었다. 예선은 통과하고 어머니에게 알리고 싶었던 영민은 아무 일도 아니라는 듯이 대답했다.

"아 그거, 뭐 그렇게 되었어요. 저 토론 동아리잖아요."

"어머, 세나잖아? 세나도 이번에 나가나 보다."

영민은 먹던 밥알을 뿜어낼 뻔했다. 세나가? 왜? 어째서?

"어릴 때는 둘이 그렇게 친하더니, 요새도 연락하니?"

사실 세나와 영민은 소꿉친구로 작년까지도 친하게 지냈던 사이였었다. 작년에 세나가 전학을 가기 전까지 말이다. 세나는 전학을 간 이후로 점

점 소식이 뜸해지더니 언제부터인가 연락이 되지 않았다. 내심 세나를 좋아한 영민은 굉장히 섭섭했었다.

"세나가 전학 간 학교 이름이 명성 초등학교였나? 세나는 그 학교에서 공부를 아주 잘하는 모양이더라. 전학 가기 전에도 잘했으니 당연하겠지만 말이야."

세나는 밝고 똑똑한 아이였다. 반장이었고 남자, 여자 할 것 없이 모두에게 친절했다. 수업 시간에 발표도 잘했던 세나. 영민은 그런 세나를 보며 부러워하기도 했다. 언젠가 저렇게 되리라 다짐도 했다. 하지만 작년에 세나가 전학 간 이후로 영민은 목표를 잃어버렸고, 세나처럼 발표를 잘하려고 들어간 토론 동아리에도 의욕 없이 건성으로 나갈 뿐이었다. 하지만 이제는 다르다.

"잘 먹었습니다."

"어머 얘, 어디 가니? 아직 다 먹지도 않았잖아."

평소와 달리 밥을 남기고 부리나케 일어서는 영민을 어머니가 불렀다. 하지만 영민은 머뭇거릴 틈이 없다. 어서 학교에 가 봐야 한다.

"토론 대회 연습하러 가야 해요."

"응? 아까는 오늘 별일 없다더니?"

"방금 생겼어요."

정말이다. 이제 토론 대회에 최선을 다할 이유가 생긴 것이다.

토론 대회 출전 준비

"너희가 이번에 나가는 '전국 어린이 과학 토론 대회'는 토너먼트_{경기에서 이긴 편끼리 겨루어 최후에 남은 두 편이 우승을 가리는 경기 방식} 형식으로 열려. 전국의 각 학교에서 나온 팀들이 붙어서 승자만 위로 올라가지. 그렇기 때문에 이 대회를 토론 대회 중의 월드컵이라고 불러."

"벌컥."

격한 소리와 함께 교실 뒷문이 열리고 숨을 헉헉대는 영민이 서 있었다.

오늘은 학교에서 토론 대회 설명회가 있는 날이었다. 영민은 일요일이고 귀찮아서 핑계를 대고 빠지려고 했었는데…….

"어? 영민아 어서 와, 오늘 친척 집에 가야 해서 못 온다더니?"

"헥, 헥, 다, 다녀왔어요."

"벌써 친척 집에 다녀왔니? 지금 오전 10시인데?"

"친척 집이 헥, 헥, 가, 가까워요."

선생님은 숨을 몰아쉬는 영민이 측은했는지 더 이상 묻지 않고 영민을 반겼다.

"다행이구나. 우리도 이제 막 시작했단다. 어서 자리에 앉으렴."

영민은 숨을 고르며 자리에 앉았다. 옆에는 영민의 단짝 친구인 찬호가 있었고, 그 옆에는 동아리 회장인 안나가 있었다. 이 세 명이 토론 동아리의 전부였다. 다른 아이들은 대부분 토론이 재미없다면서 동아리에 가입하지 않았다. 그나마 대회에 나갈 수 있는 필요한 인원이 세 명인 것이 불행 중 다행이었다.

"너 못 오는 줄 알았다."

영민이 자리에 앉으니 찬호가 말을 걸었다. 찬호는 영민 때문에 이 동아리에 들어왔다. 하지만 어찌 된 영문인지 영민이 동아리에 소홀해진 후에도 부지런히 동아리 활동을 하고 있었다.

"어떻게 도망가지 않고 왔네?"

핀잔의 주인공은 동아리 회장인 안나였다. 영민, 찬호와는 달리 안나는 순전히 토론이 좋아서 동아리에 들어왔고, 말솜씨도 수준급이었다. 안나는 동아리의 회장이라 활동이 뜸한 영민이 늦거나 결석을 할 때마다

한마디씩 해 주었다. 그때마다 영민은 변명을 해 봤지만 오히려 안나가 더 세게 쏘아붙이는 바람에 본전도 못 찾곤 했다. 그래서 영민은 이제 그냥 조용히 있는 것을 택했다.

"너무 그러지 마렴. 안나야. 영민이가 왔으니 이제 제대로 시작해 볼 수 있잖니?"

선생님은 웃으며 다시 분위기를 다잡았다. 국어 선생님인 양지원 선생님은 상냥하고 따뜻한 성격으로 학생들에게도 인기가 많다. 선생님은 토론의 기본기가 부족한 아이들에게 토론이 무엇인지, 토론은 어떻게 하는지 가르쳐 주며, 토론에 흥미가 떨어지지 않도록 매번 재미있는 주제들을 던져 주었다. 오늘은 이제 곧 나갈 대회를 설명해 주려고 일부러 일요일에 시간을 내어 아이들을 모이게 한 것이다.

"이번 예선전에서는 총 여섯 개의 주제를 놓고 상대 팀과 토론하게 된단다. 보통 토론은 승패를 가리려고 하는 것은 아니지만 대회이다 보니 승패를 가릴 거야. 다만 매 토론마다 승패가 나오는 것은 아니야. 여섯 번의 토론이 끝나는 날, 이제까지의 토론 과정을 종합해서 최종적으로 올라갈 팀이 가려질 거야. 토론하는 태도나 논리적인 주장, 충분한 근거와 설득력 등으로 말이야."

선생님은 한 번 호흡을 가다듬고 아이들의 눈을 바라보았다.

"우리 한빛 초등학교의 상대 팀은 옆 동네의 명성 초등학교로 결정됐어."

세나가 있는 학교다. 영민은 숨이 멎을 것 같았다. 가까운 지역이니 금세 만날 것이라고 생각은 했지만 이렇게 빨리 만날 줄이야!

"알고 있겠지만, 명성 초등학교는 우리처럼 동아리 규모가 작지 않고 서른 명 정도 된다고 해. 그중에서 치열한 경쟁을 통해서 세 명만 뽑아 출전한다더라. 시작부터 강한 상대를 만나서 긴장되겠지만, 너무 걱정할 필요는 없어."

"맞아요. 우리가 이길 수 있어요."

안나는 항상 자신감이 넘친다. 실제로 영민과 찬호가 안나 정도의 토론 실력을 가지고 있다면 이길 수도 있겠지만……. 영민은 자신이 없었다.

"이기려면 어떻게 해야 하죠?"

"보통 토론에서는 사회자가 토론을 원활하게 진행만 하지만, 토론 대회인 만큼 사회자가 매번 각 팀의 토론 기술을 평가할 거야. 얼마나 논리적인 근거를 두었는지, 억지 주장은 없는지, 상대편을 잘 설득했는지 등을 말이야."

선생님은 아이들이 너무 긴장한 것처럼 보였는지 밝게 웃었다.

"물론 그렇다고 해서 사회자에게 잘 보이려고 노력할 필요는 없단다. 토론에 집중하면 나머지는 다 잘될 거야. 중요한 것은 토론을 잘 준비하고 논리적으로 말하는 능력을 기르는 것! 이기고 지는 것은 그다음의 일이지."

과학 토론은 왜 하는 걸까?

"자, 그럼 본격적으로 이번 토론 주제에 대해 이야기하기 전에 몸을 푸는, 아니 입을 푸는 시간을 가져 볼까? 호호호."

선생님의 농담에 아이들은 긴장이 좀 풀리는 것 같았다.

"과학 토론이 왜 중요한 것 같니?"

아이들 모두 예상치 못한 질문이었다. 그러고 보니 학교에서 매일 과학을 배우지만 과학이 무엇인지에 대해서는 생각해 본 적이 거의 없었다.

"어차피 연습이니까 너무 부담 갖지 말고 편하게 말해. 그냥 생각나는 것을 이야기하면 돼."

선생님은 아이들의 참여를 독려했지만, 선뜻 나서는 사람이 없었다. 토론 동아리여도 남들 앞에서 자기 생각을 말하는 것은 쉽지 않았다. 특히 동아리 활동을 몇 번 빼먹은 영민은 더 쉽지 않았다. 하지만 안나는 달랐다.

"우리가 과학 토론을 하는 중요한 이유는 현대 문명이 과학 기술을 빼놓고는 이야기할 수 없기 때문이에요. 통신 과학 기술의 발달로 지구 반대편에 있는 사람과도 이야기를 나눌 수 있게 되었고, 항공 과학 기술의 발달로 반나절이면 직접 만나러 갈 수도 있죠. 예전에는 치료할 수 없다고 여겼던 병을 치료하거나, 인간과 지구에 대해 더 많이 이해하게 된 것도 모두 과학 기술의 발전 덕분이에요. 또 과학이 없었다면 컴퓨터가 없었을 테니 게임이나 인터넷 쇼핑도 불가능했겠죠."

"우아, 그건 안 돼!"

게임을 좋아하는 영민이 자기도 모르게 끼어들고 말았다. 선생님은 부드럽게 웃으며 영민에게 조언을 했다.

"영민이가 안나의 발언을 집중해서 아주 잘 듣고 있었구나. 그런데 우리끼리 이렇게 이야기할 때는 괜찮지만 정식 토론에서는 친구들이 이야기할 때 끼어드는 것은 예의가 아니란다. 안나의 발언이 다 끝날 때까지 기다려야 해요. 해 줄 수 있지?"

"네."

이런 기초도 모르다니, 영민은 쥐구멍에라도 들어가고 싶었다.

'좀 자주 나올걸.'

영민은 후회가 막심했지만, 이미 엎질러진 물이다. 그래도 대회까지 아직 시간이 있으니 그나마 다행이었다. 안나는 선생님의 말씀이 끝나길 기다렸다가 하던 말을 이어 갔다.

"이처럼 과학은 우리의 삶을 더 편리하게 만들어 주는 고마운 존재이지만, 과학 때문에 발생하는 문제도 있어요. 무서운 핵폭탄이나 유전자 조작 같은 생명 윤리 문제, 기계가 인간의 자리를 대신하며 발생하는 인간 소외 문제, 그리고 자연에는 없던 물질들로 인한 환경 파괴 문제 등이 있

지요."

"안나가 아주 잘 말해 주었구나."

선생님은 미소를 지으며 안나를 칭찬했다. 영민이 보더라도 안나는 도저히 자신과 같은 초등학생이라고는 생각할 수 없을 정도로 말을 잘했다. 역시 토론을 좋아하는 아이는 달랐다.

"안나가 말한 내용을 요약하면, '과학 기술은 우리에게 큰 혜택을 주는 동시에 큰 문제를 준다.'라고 할 수 있겠지? 그러면 그것을 과학 토론을 해야 하는 이유와 어떻게 연관 지을 수 있을까?"

"음. 잘은 모르겠지만, 만약 과학이 주는 혜택에만 정신이 팔려서 생각 없이 과학 기술을 이용한다면 안 좋은 일이 일어날 수도 있을 것 같아요. 핵 실험으로 고질라 같은 괴물이 만들어지는 것처럼요."

역시 공상 과학 영화를 좋아하는 찬호답다. 영화에서 본 내용을 바로 이런 주제에 연결하다니, 선생님도 흡족해하는 것 같았다.

"그렇지. 과학 기술의 부작용에 대한 고민 없이 혜택만 본다면 나중에 큰 문제가 일어날 수도 있을 거야. 반대로 너무 부작용만 부각시키면 우리의 삶을 윤택하게 만들어 주는 과학 기술을 제대로 활용하지 못하게 되겠지. 그래서 과학 기술에 대해서 고민해 보고 더 나은 방향은 무엇인지 알기 위해서 과학 토론이 필요한 거란다. 그 외에는 또 무엇이 있을까?"

다른 두 명이 말하는 것을 보고 있자니 영민도 입이 근질거렸다. 자신은 없지만 무슨 말이든 해야겠다는 생각이 들었다.

"저……. 잘은 모르겠지만 과학에 대해 토론하면 잘 몰랐던 과학 지식을 배울 수 있어요."

"훌륭하구나. 영민아. 네 말대로 과학에 대해 토론을 하다 보면 잘 몰랐던 과학 개념을 많이 배울 수 있단다. 토론을 준비하는 과정에서 그 개념에 대해서 많이 공부하게 될 뿐만 아니라, 상대편의 말을 듣는 것만으로도 도움이 되니까 말이야."

선생님은 오랜만에 동아리에 나와 발표한 영민의 모습에 만족한 표정을 지으며 오늘의 토론을 정리했다.

"이처럼 과학 토론을 하면 과학적 사실을 배울 수 있고, 과학과 관련한 문제에 대해서 가치 판단을 내리는 데도 도움이 된단다. 그러니까 대회 성적이 어떻든 참가하는 것만으로도 모두에게 유익한 시간이 될 거야. 그럼 이제 본격적으로 토론 대회를 준비해 볼까?"

대회 시작!

'여기가 어디지?'

영민은 마치 꿈을 꾸고 있는 것 같았다.

'분명히 선생님께서 방금 토론 대회에 대해서 뭐라고 하셨던 것 같은데.'

영민은 침착하게 선생님이 뭐라고 했는지를 떠올려 보았다.

"이 안으로 들어가면 바로 대회장이 나올 거고 너희가 앉을 자리가 표시되어 있을 거야."

선생님 말씀 그대로였다. 예선이라 그런지 대회장은 그리 크지 않은 세미나실 같은 곳이었다. 영민 팀의 책상과 의자 세 개가 한편에 놓여 있었고, 맞은편에 상대 팀의 책상과 의자가 역시 세 개씩 놓여 있었다. 그리고 그 가운데에 사회자 자리가 마련되어 있었다.

책상 위에는 이름표가 놓여 있었다. 사회자에서 제일 가까운 쪽이 안나, 그리고 찬호가 가운데, 제일 끝이 영민의 자리였다.

"떨린다."

찬호가 영민을 보고 살짝 웃으며 말했다. 떨린다고 말하면서도 웃을 수 있는 걸 보니 별로 긴장이 안 되는 모양이었다. 반면에 영민은 너무 긴장해서 웃을 수 있는 상황이 아니었다. 안나 쪽을 힐끗 보니 표정만으론 영민과 별반 차이가 없었다. 왠지 말 한마디 못 해 보고 집에 갈 것 같은 불길한 예감이 들었다. 그때 반대쪽 문이 열리더니 영민 또래의 아이들이 들어왔다.

'세나다.'

영민은 숨이 멎을 뻔했다. 예상은 했지만 눈앞에서 세나를 보니 어떤 표정을 지어야 좋을지 알 수가 없었다. 반대로 세나는 예상치 못했다는 듯 영민을 보자 잠시 깜짝 놀란 표정을 지었지만, 이내 밝은 표정을 지으며 손을 살짝 들어 인사했다.

"뭐야, 아는 애야?"

찬호가 낮은 목소리로 물었다. 세나랑 같은 학교에 다녔었지만, 찬호는 세나와 같은 반이었던 적이 없어서 잘 알지 못했던 모양이다. 전학 간 지도 이미 1년이 넘은 터라 학교에서 마주쳤었더라도 얼굴을 잊어버렸을 것이다. 영민이 뭐라고 대답하려는 그때, 사회자가 들어왔다.

"반갑습니다."

친절한 얼굴의 사회자는 자리에 앉으며 자신을 소개했다.

"저는 이번 토론의 사회를 맡은 박수현입니다. 앞으로 6일 동안 매일 볼 테니 잘 부탁해요."

사회자는 너그러운 인상을 가졌지만, 분명 심사는 엄격할 것 같았다. 게다가 공정한 심사를 위해 모든 토론은 녹화되고, 인터넷을 통해 누구든지 볼 수 있게 되어 있다. 사회자가 편파 판정을 내린다거나 한쪽 편을 드는 것을 방지하기 위한 장치였다. 또한 지도 선생님도 매 토론을 보고 학생들의 부족한 부분을 보완해 줄 수 있었다.

사회자는 간략한 본인 소개를 하고 토론에 참여하는 두 팀의 아이들을 하나하나 호명했다. 한빛 초등학교의 안나, 영민, 찬호의 소개를 마치고 명성 초등학교의 차례가 되었다.

명성 초등학교의 팀장은 재중이라는 남학생이었다. 안경을 꼈고 순한 인상이었지만, 안경 아래의 눈빛은 날카로웠다. 세나를 제치고 팀장이 된 것을 보면 분명 여간내기는 아닐 것이다.

두 번째는 세나였다. 1년 만에 보았지만, 키가 조금 자란 것 외에 크게 변한 것은 없어 보였다.

마지막으로 세 번째는 강호라는 남학생으로 언뜻 보기엔 토론보다 운동부가 더 어울릴 것 같은 인상이었다. 햇볕에 그을린 구릿빛 피부는 아무리 봐도 교실보다 운동장에서 더 오랜 시간을 보냈을 것 같았다. 왠지 영민은 강호보다는 자신이 토론을 더 잘하지 않을까 하는 생각을 했다.
　소개가 끝나고 사회자가 이번 토론의 주제를 공개했다. 각 팀에게는 사전 준비를 위해 일주일 전에 먼저 공지가 되었던 내용이다.
　"자, 이미 들었겠지만, 오늘 토론의 주제를 발표하겠습니다. 바로! '원자력 에너지, 정말 필요할까?'입니다."

원자력 발전이란?

　"그럼 먼저 원자력 발전이 무엇인지 발표해 주실 팀이 있나요?"
　"그건 제가 말씀드리겠습니다."
　상대 팀의 재중이 선수를 쳤다. 만만치 않으리라 생각은 했지만, 이렇게 시작부터 거침없이 발언할 줄은 몰랐다. 아무래도 저쪽 팀은 수많은 연습을 통해서 이런 상황이 익숙해진 모양이다.
　"원자력 발전을 설명하기 전에 전기를 만들어 내는 '발전'을 설명할 필요가 있습니다."
　재중은 잠시 말을 끊고 심호흡을 했다. 청중이 자신에게 집중하도록 하기 위해서였다.

"1831년 영국의 화학자 패러데이는 둥글게 만 구리 선 사이로 자석을 통과시키자 전류가 흐르는 것을 발견했습니다. 즉, 전기 에너지를 발견한 것입니다."

재중은 패러데이의 원리를 설명하는 그림판을 모두에게 보여 줬다.

'그림판까지 만들어 오다니…….'

영민은 상대 팀이 준비를 많이 했음을 새삼 실감했다.

"자석 사이를 전선이 지나가기만 해도 전기가 만들어진다는 것이죠. 따라서 전기를 만들려면 자석 사이에서 전선을 움직이기만 하면 됩니다. 그래서 사람들은 전선을 움직이게 하는 터빈을 이용해서 전기를 얻는 발전기를 만들었습니다."

영민은 발전기의 터빈을 설명하는 그림판을 보여 주었다.

"수력 발전에서는 떨어지는 물의 힘으로 물레방아 돌리듯이 터빈을 돌립니다. 화력 발전은 석유나 석탄 같은 화석 연료를 태워서 나오는 열로 물을 끓이고, 그 수증기의 힘으로 터빈을 돌립니다. 그래서 증기 터빈이라고 하지요. 이와 마찬가지로 원자력 발전은 우라늄에서 나오는 원자력 에너지를 이용해서 물을 가열하고 그 수증기의 힘으로 증기 터빈을 돌립니다."

알기 쉬운 설명에 사회자가 고개를 끄덕였다. 영민도 분하지만, 훌륭한 설명임을 인정하지 않을 수 없었다. 이대로라면 주도권이 완전히 저쪽으로 넘어갈 판이었다. 두고 볼 수만은 없다고 생각했는지, 영민 팀의 안나가 손을 들었다.

"질문 있습니다. 그러면 원자력 발전은 화력 발전인데, 연료가 석탄이 아니라 우라늄인 것으로 이해하면 되는 건가요?"

"비슷한 점도 있고 다른 점도 있습니다."

안나의 날카로운 질문에 재중은 전혀 당황하지 않고 답했다. 이미 예상했다는 투였다.

"둘 다 열에너지로 물을 끓인다는 점은 같지만, 우라늄에서 나오는 에너지는 석탄과는 완전히 다릅니다. 왜냐하면 우라늄이 '핵분열'을 하기 때문입니다."

'핵분열?'

영민은 재중의 이야기를 들으면서 핵폭탄을 떠올렸다.

"핵분열은 우라늄의 원자핵_{물질을 이루는 입자인 원자의 중심에 위치한 핵}이 두 개의 다른 원자핵으로 나뉘는 것입니다. 이때 엄청난 열이 발생합니다. 왜냐하면 원자가 쪼개지면서 질량의 일부가 사라지고, 사라진 질량은 아인슈타인의 유명한 공식인 $E=mc^2$ 즉 에너지$_E$는 질량$_m$과 빛의 속도$_{c^2}$에 따라 엄청나게 큰 에너지로 바뀌기 때문이지요. 빛의 속도가 초당 30만 킬로미터인데 그것을 제곱했으니……."

'이거 장난이 아닌데?'

영민은 어려운 과학 공식을 술술 말하는 재중에게 완전히 압도되었다. 같은 초등학생이라고 볼 수 없는 실력이었다. 영민도 이번 토론을 준비하며 원자력 발전에 대해서 공부하였으나, 이렇게 어려운 부분까지는 살펴보지 않았었다. 영민은 아무래도 자신의 암울한 예상이 점점 현실이 되어 가는 것 같았다.

"우라늄은 적은 양으로도 엄청난 에너지를 만들 수 있는 것입니다. 우라늄 1그램이면 3톤의 석탄과 아홉 개의 드럼통에 담긴 석유로 만들 수 있는 에너지와 같은 양의 에너지를 만들 수 있습니다."

설명이 끝나자 재중이 자리에 앉았다. 자신의 차례가 끝났으니 긴장이 풀릴 만도 했지만, 재중의 자세에는 변함이 없었다. 마치 처음부터 긴장 같은 건 하지 않았던 것 같았다.

'정말 대단하다.'

영민은 과연 상대편이 자신과 같은 초등학생이 맞는지 의심이 들었다. 영민은 너무나 말을 잘하는 세나가 대표가 아니라는 것부터 의아했는데, 이제는 그 이유를 알 것 같았다. 상대 팀의 대표인 재중은 세나보다도 더 대단한 아이인 것이다.

원자력 발전은 위험해

"잘 설명해 주었습니다. 그런데 이렇게 에너지를 얻는 것이 왜 위험할까요?"

사회자가 다시 질문을 던졌고, 상대 팀의 강호가 손을 들었다. 영민 팀도 빨리 발언하고 싶었지만, 오늘 주어진 역할은 원자력 발전에 찬성하는 입장이므로 기다릴 수밖에 없었다.

"우라늄에서는 열에너지만 나오는 것이 아니라 알파선, 전자, 감마선, X선, 중성자 같은 입자나 전자기파가 나옵니다. 이러한 것들을 '방사선'이라고 부르는데, 문제는 방사선이 인체에 해롭다는 것입니다. 사람이 방사선에 자주 노출되면 여러 질병이 발생하고 심한 경우에는 백혈병이나 암에 걸려 사망할 수 있습니다."

여기서 강호는 영민 팀에게 한 번 눈길을 주고 말을 이었다. 의미 없는 행동일 수도 있지만, 영민에게는 마치 너희가 대답할 수 있겠냐는 뜻으로 보였다.

"원자력 발전소에서는 우라늄이 핵분열을 일으킬 때 이러한 방사능이 나오지 못하도록 철저히 대비를 하기는 합니다. 그러나 핵분열을 한 이후에 쓰고 남은 연료나 방사능을 걸러 낸 필터, 방사능 처리 과정에 사용된 각종 도구_{비닐 주머니, 걸레 따위} 등을 태우고 남은 재에도 여전히 방사능이 남아 있어서 안심할 수 없습니다."

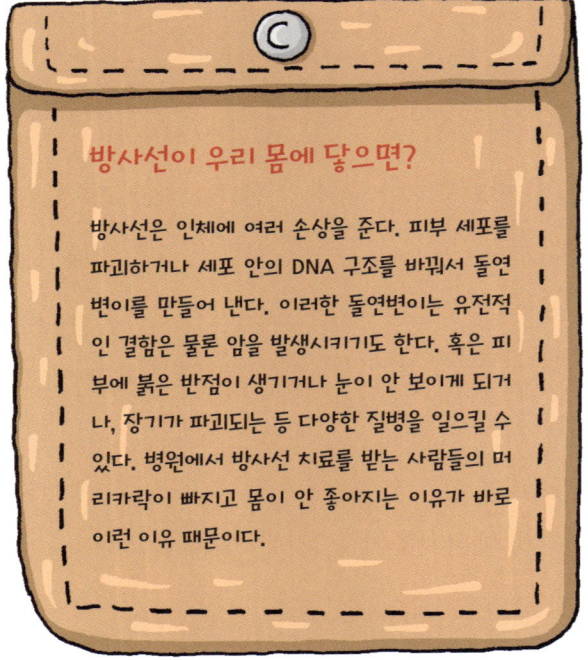

방사선이 우리 몸에 닿으면?

방사선은 인체에 여러 손상을 준다. 피부 세포를 파괴하거나 세포 안의 DNA 구조를 바꿔서 돌연변이를 만들어 낸다. 이러한 돌연변이는 유전적인 결함은 물론 암을 발생시키기도 한다. 혹은 피부에 붉은 반점이 생기거나 눈이 안 보이게 되거나, 장기가 파괴되는 등 다양한 질병을 일으킬 수 있다. 병원에서 방사선 치료를 받는 사람들의 머리카락이 빠지고 몸이 안 좋아지는 이유가 바로 이런 이유 때문이다.

안나도 강호의 눈길에 기분이 상했던 모양이다. 강호의 발언이 끝나자마자 손을 들고 말했다.

"그러한 폐기물은 드럼통에 넣은 후에 콘크리트를 부어서 밀봉한 후, 지하 깊은 곳에 보관합니다. 그래서 외부로 잘 유출되지 않아요. 그리고 원자력 에너지로 끓인 물이나, 그 물이 증발한 수증기는 바깥으로 새어 나가지 않도록 탱크에 저장한 다음 방사능 농도가 안전한 기준이 될 때까지 보관합니다. 이후에도 필터를 거쳐 방출하기 때문에 크게 위험하지 않을 텐데요."

그때 상대 팀의 강호가 기다렸다는 듯이 대답했다.

"하지만 그러한 시설들에 구멍이 난다면 어떻게 될까요? 지진이나 해일에 의해서 원자력 발전소의 시설이 파괴된다면요? 그럼 그 속에 있던 방사능을 함유한 냉각수_{높은 열을 내는 기계를 차갑게 식히는 데 쓰이는 물}나 수증기가 바깥으로 유출될 수 있습니다. 2011년에 발생한 일본 후쿠시마 원자력 발전소 사고가 바로 그런 것이죠."

안나는 입을 다물었다. 원자력 발전의 안정성에 구멍이 뚫린 실제 사례 앞에서는 할 말이 없었다. 이 주장을 하려고 일부러 안나의 발언을 유도한 것이 아닌가 하는 생각까지 들 정도였다. 처음엔 운동만 잘할 것 같은 외모라 방심했는데 보통내기가 아니었다.

"특히 고체 폐기물과는 달리 액체나 기체는 해류나 바람을 타고 전 세계 어디든지 갈 수 있다는 것이 큰 문제입니다. 특정 지역만 폐쇄해서 끝날 문제가 아니라는 것이죠. 심각한 경우엔 전 세계의 바다가 죽음의 바다로 변해 버릴지도 모릅니다."

강호의 뒤를 이어 세나가 손을 들었다. 이쯤에서 역할을 바꾸기로 했었던 모양이다.

"더 큰 문제는 이러한 원자력 발전소의 사고가 매우 희귀한 것이 아니라 '얼마든지' 일어날 수 있는 일이라는 것입니다. 1951년 미국에서 세계 최초의 원자력 발전소가 가동된 이래, 이제까지 전 세계에서 발생한 원자력 사고는 무려 서른두 건이나 됩니다. 1979년 3월에는 미국의 스리마일 원자력 발전소의 2원자로에서 핵 연료봉이 녹아내리는 사고가 일어났습니다. 다행히 폭발 직전에 냉각 펌프가 작동하여 인명 피해는 없었으나, 이때 발생한 수증기에 방사능이 포함되어 공기 중으로 퍼져 나갔고 인근 주민들이 방사능에 노출되어 피해를 입었습니다. 또한 1986년 4월

일본 원자력 발전소에서 나온 방사능의 양은?

지난 2011년 3월 11일 일본 동북부 지방 태평양 앞바다에서 진도 9.0 규모의 대지진이 일어났다. 그 결과 높이 15미터에 이르는 해일(쓰나미)이 발생했는데, 이 해일이 하필이면 후쿠시마 지역의 원자력 발전소를 덮쳐서 원자력 발전소의 안전 시스템이 작동 불능 상태에 빠지게 되었고, 그로 인해 원자로가 폭발하여 엄청난 양의 방사능이 외부로 유출되었다.

사고 후 1년 동안 대기에 방출된 방사성 물질인 세슘의 총량은 무려 약 4경 베크렐(Bq)이라고 한다. 식품에 들어갈 수 있는 방사능의 제한이 450베크렐이므로, 그 400조 배에 달하는 방사능이 공기 중에 유출된 것이다.

일본은 사고가 수습되었고, 방사능은 더 이상 유출되지 않는다고 하였지만 사고 후 2년이 지난 2013년 7월, 원전에서 방사능이 포함된 수증기가 뿜어져 나왔다. 그 수증기는 시간당 2,170밀리시버트(mSv) 정도의 초고농도 방사능을 지닌 것이 확인되었다. 성인 한 사람이 1년에 3밀리시버트 정도의 방사능을 받을 수 있기 때문에 2,170이면 그 700배 정도인 것이다. 전문가들에 따르면 이 정도의 방사능에서는 아무리 보호 장구를 갖춘다고 해도 8분을 버티기가 어렵다고 한다. 이러한 방사능이 그냥 그 자리에 머물러 있으면 그나마 다행이겠지만, 원자력 발전소는 냉각수를 쉽게 얻으려고 보통 해안가에 짓기 때문에 앞에서 말한 엄청난 양의 방사능이 공기 중으로, 바닷속으로 퍼져 나가서 결국엔 전체 바다와 공기를 오염시키고 있다. 지구의 한 부분에서 일어난 재앙이 전체로 퍼져 나갈 수 있는 상황인 것이다.

26일에는 우크라이나 체르노빌 원자력 발전소에서 방사능이 누출되었습니다. 이때 누출된 방사능 물질은 1945년 미국이 일본 히로시마에 떨어뜨린 원자 폭탄의 350배에 달하는 엄청난 양이라고 합니다. 이 폭발로 사고 이후 6년간 해체 작업 노동자 5,722명과 민간인 2,510명이 사망하였고, 43만 명이 암과 기형아 등 각종 후유증을 앓은 것으로 추정됩니다. 이처럼 원자력 발전소는 실제로 안전하지 않음을 확인할 수 있습니다. 또한 원자력 발전소의 사고는 전 인류에 심각한 영향을 줍니다. 따라서 저희 팀은 원자력 발전은 필요 여부를 떠나 중지해야 한다고 생각합니다."

자연에서도 방사능이 나온다?

안나의 표정이 별로 좋지 않았다. 찬호의 얼굴은 못 보았지만 자신처럼 별로 좋지 않을 것이라고 생각했다. 그만큼 상대편의 주장과 근거는 강력했다. 이대로 집에 가야 하는 것은 아닌가 하는 생각까지 들었다. 그런데 그때, 찬호가 손을 들었다.

"원자력 발전소의 사고는 일어났었고, 사고의 규모가 컸던 것도 맞습니다. 그러나 '구더기 무섭다고 장을 못 담근다.'는 옛말과 같은 생각이 아닐까요?"

영민은 찬호의 박력 있는 말에 놀라면서도 자기도 모르게 강하게 고개를 끄덕였다.

"우리나라는 일본과는 달리 가압 경수로PWR라고 더 안전한 경수로를 사용합니다. 경수로는 원자로 핵분열을 유지하고 제어하는 장치 중의 하나로 핵분열 반응이 서서히 일어나도록 통제하는 감속재로 물을 쓰는 원자로를 말합니다. 그림을 보면서 설명하겠습니다."

며칠 동안 비밀 무기를 준비한다더니 이것이었던 모양이다. 영민은 새삼 찬호를 다시 보게 되었다.

"왼쪽 그림은 사고가 났던 일본 발전소의 모습입니다. 비등 경수로BWR라고 합니다. 오른쪽 그림은 가압 경수로PWR로 우리나라 원자력 발전소의 모습입니다. 보시면 아시겠지만, 왼쪽 원자로 안에는 물을 끓이는 부분이 하나인데 오른쪽 원자로 안에는 두 개로 나뉘어 있습니다. 왼쪽 원자로는 원자로의 온도가 너무 올라가지 않도록 하는 냉각수가 곧 증기로 변하는 구조여서 하나인 것이고, 오른쪽 원자로는 증기를 만드는 부분과 냉각시키는 부분이 따로 분리되어 있어서 두 개인 것입니다. 딱 보기에도 비등 경수로가 가압 경수로보다 만들기가 쉽고 가격도 쌉니다. 하지만 비등 경수로는 외부에 문제가 생겨 냉각수가 더 이상 공급되지 않을 경우, 원자로의 온도가 급격히 높아져서 일본 원전 사고 같은 재앙을 일으킬 수 있습니다. 반면 가압 경수로는 새로운 냉각수가 더 공급되지 못해도 연료봉이 항상 물에 잠겨 있어서 사고가 난다고 해도 훨씬 오랜 시간을 버틸 수 있어서 조치를 할 만한 충분한 시간을 벌 수 있습니다."

그렇다. 영민 팀도 놀고 있던 것은 아니었다. 일본 원전 이야기는 나올 것으로 예상하고 대비를 해 놓았다. 다만 첫 실전 토론이라는 중압감 때

문에 긴장해서 잊어버리고 있었을 뿐이다. 찬호는 놀랍게도 그 압박에서 빨리 벗어난 모양이었다.

"이처럼 사고의 가능성을 줄이기 위한 기술의 발전은 계속되고 있습니다. 또한 우리나라는 지진, 화산, 쓰나미가 항상 발생하는 일본과 달리 자연재해가 거의 없는 나라입니다. 따라서 일본의 경우를 우리나라에 적용하는 것은 무리라고 생각합니다. 물론 원자력 발전소의 사고는 비극적인 일입니다만, 사고가 일어나면 위험한 것은 어느 것이나 마찬가지 아닌가요? 비행기 사고나 자동차 사고, 건물의 화재 등 예기치 못한 일이 일어나면 큰 피해가 발생하지만, 그렇다고 비행기나 자동차를 안 타거나 건물을 안 지을 수는 없는 일입니다. 중요한 것은 위험성을 잘 인식하고 충분한 대비를 해 놓는 일이라고 생각합니다."

"자동차와 비행기에서는 방사능이 나오지 않습니다. 하지만 원자력 발전소에서는 평소에도 방사능이 나오기 때문에 위험하다고 하는 것입니다."

명성 초등학교의 강호가 반론을 폈지만, 다행히 이 부분은 안나가 준비한 내용이었다. 영민은 토론 전에 충분한 자료를 준비해 두는 것이 얼마나 중요한 일인지 실감했다. 찬호의 발표에 정신을 차린 안나가 손을 들고 발표했다.

"물론 방사능은 위험한 것이 맞습니다. 하지만 어느 정도 이하로 차단할 수 있다면 큰 문제는 없어요. 우리는 자연환경 속에서도 방사선에 노출되어 있으니까요. 세상에 원자력 발전소가 하나도 없다고 해도 우주에서 오는 전자기파로부터 받는 방사선량이 연간 약 0.37밀리시버트, 지각에 포함되어 있는 천연 방사성 원소로부터 받는 양이 약 2밀리시버트여서 자연으로부터 받는 방사선량은 연간 총 2.4밀리시버트 정도입니다. 특히 병원에서 하는 X선 촬영으로 받는 방사선량 약 0.39밀리시버트, 기타 의료용으로 받는 0.14밀리시버트까지 포함하면, 일 년 동안 인공적인 방사선원으로부터 받는 방사선량은 총 0.53밀리시버트입니다. 따라서 우리는 살아가면서 자연 방사선과 인공 방사선을 합해 연간 약 2.93밀리시버트에서 3.6밀리시버트의 방사선을 받고 있습니다. 그에 반해 원전 주변의 평균 방사능량은 하루에 0.01밀리시버트 정도로 통제되고 있습니다. 이 정도면 1년 내내 노출된다고 하더라도 자연적으로 받는 방사능량 정도밖에는 되지 않습니다. 즉, 인체에 큰 해가 없는 것이죠."

안나가 영민에게 눈짓을 했다. 이제 영민이 준비해 온 것을 발표할 차례였다. 찬호와 안나가 발표하는 것을 넋 놓고 보고 있던 영민은 당황하며 발표를 시작했다.

"어……. 그리고 원자력 발전소는 우리 생활에 꼭 필요합니다. 한국 전력에서 낸 통계에 의하면 원자력 발전은 2018년 기준으로 우리나라 전기 생산의 23.4퍼센트, 거의 4분의 1을 차지하고 있습니다. 즉, 원자력 발전이 없으면 우리나라 전기 기구의 4분의 1 정도는 작동을 하지 못한다는 것이고 그러면……."

허둥지둥 발표하던 영민은 갑자기 머릿속이 새하얘지는 것이 느껴졌다. 다음에 해야 할 말이 생각나지 않았다. 몇 번이고 연습을 했지만, 실전에서 여러 명이 자신을 쳐다보자, 긴장이 되어 발표문이 눈에 들어오지 않았다.

"그러면요?"

사회자가 다시 물어보자 영민은 더욱 당황스러웠다. 그때 선생님께서 말씀해 주신 것이 떠올랐다.

"만약 발표하다가 갑자기 할 말이 기억이 안 날 때는 어떻게 해야 할까?"

"기억을 되살리기 위해 애쓰면 되지 않을까요?
"물론 그것도 좋은 방법일 수 있지. 하지만 보통 그렇게 기억이 안 나는 것은 실제로 기억의 문제라기보다는 심리적인 문제일 가능성이 커. 너무 긴장해서 그렇다는 것이지. 그러니 그럴 때는 차라리 심호흡을 하면서 마음을 편히 가지는 데 집중하는 것이 낫단다."

영민은 선생님에게 배운 대로 심호흡을 하면서 긴장을 푸는 데 집중했다. 바로 되지는 않았지만 그래도 마음이 한결 편안해지는 것이 느껴졌다. 그러자 준비해 온 자료도 눈에 들어왔다.

"그러면 원자력 발전소에 사고가 나는 것 이상으로 큰 재앙이 전국적으로 벌어질 겁니다. 신호등이 켜지지 않아서 교통사고가 나거나, 지하철이 멈춰서 출근길이 막히고, 중요한 통신이 되지 않아서 비행기 사고가 날 수도 있어요. 그 외에도 전기가 우리 삶에서 얼마나 많이 쓰이는지를 따져 본다면 오늘날 우리의 삶을 유지해 나가는 데 원자력 발전은 필수 불가결하다고 생각합니다."

영민은 큰 문제없이 발언을 마치고 자리에 앉을 수 있었다. 상대 팀에서도 제법이라는 표정이었다. 영민은 무엇보다도 세나 앞에서 부끄럽지 않게 발표한 것이 크게 만족스러웠다.

다른 방법은 없을까?

"이제까지의 이야기를 요약하면 명성 초등학교는 원자력 발전은 방사능이 나오고 사고가 발생하면 그 규모가 심각하고 위험하므로 사용하면 안 된다는 입장이고, 한빛 초등학교는 사고가 일어나지 않는 이상 적정한 수준에서 안전을 지키도록 통제하므로 큰 문제가 없다는 입장이군요. 둘 다 잘해 주었습니다."

사회자는 토론 내용을 정리한 다음 양 팀을 격려했다. 하나의 화제에 대해서 어느 정도 충분히 논의했을 때 이제까지의 내용을 요약한 후 새로운 화제를 제시하는 것 역시 사회자의 역할이었다.

"그러면 만약 원자력 발전소를 사용하지 않는다면 대신 어떤 방법이 있을지 한번 이야기해 보도록 할까요? 아무리 원자력 발전소가 위험하다고 해도 한빛 초등학교에서 말한 것처럼 우리나라 전력의 30퍼센트를 갑자기 안 쓸 수는 없는 일이니까요. 명성 초등학교는 그에 대한 대안이 있나요?"

"다른 에너지를 쓰면 됩니다. 위험하지도 않고, 환경을 파괴하지도 않으면서 앞으로도 무한히 쓸 수 있는 에너지를 '신재생 에너지'라고 부르는데요, 이에 대해서 간략히 설명하겠습니다."

이 부분은 세나가 준비한 모양이었다. 이번에는 여러 장의 사진을 곁들여서 설명했다.

"첫 번째는 태양에서 나오는 빛을 받아서 태양 전지로 전기를 만드는

　태양광 발전입니다. 두 번째는 바람의 힘을 이용해 발전기를 돌리는 풍력 발전입니다. 한 번에 많은 에너지를 얻을 수 있어서 대용량 발전에 유리하고 역시 고갈되지 않는 에너지원이라는 장점이 있습니다. 다음으로 바다의 밀물과 썰물 때, 바닷물의 빠른 흐름을 이용해 대형 프로펠러를 돌려 발전하는 조력 발전이 있습니다. 우리나라 서해안은 세계적으로 조수 간만의 차가 큰 지역입니다. 이미 인천만, 시화호, 천수만 등에 조력 발전소를 설치했고, 시화호의 경우에는 이미 가동 중입니다."
　세나는 사진을 적절히 가리키며 쉽게 설명했다. 영민은 역시 세나구나 싶었다.

"신재생 에너지는 실제로 사용되고 있는데요, 우리나라의 경우만 봐도 집에 태양광 전지를 설치하는 가정이 늘어가고 있습니다. 특히 서울시에서는 아파트에도 태양광 전지를 설치하는 것을 장려하려고 태양 전지 설치 가격의 일부를 지원하는 정책을 펴고 있습니다. 이 운동을 '원자력 발전소 한 개 줄이기 운동'이라고 부릅니다. 위험한 원자력 발전소 대신 가정마다 태양광 발전을 하자는 것이죠."

마치 뉴스 아나운서 같은 깔끔한 설명이었다. 이대로라면 정말로 원자력 발전은 필요가 없을 것이다. 하지만 영민의 팀에는 이에 맞서는 다른 자료가 있었다.

"명성 초등학교가 말한 대로라면 이미 전 세계는 태양광 발전과 풍력 발전만 남아 있을 것입니다. 영원히 쓸 수 있고 위험하지도 않고 깨끗한 에너지가 있는데 누가 원자력이나 화력 발전을 쓰고 싶겠습니까? 하지만 저희가 알아본 바에 따르면 이러한 신재생 에너지에는 치명적인 결점이 있는데요. 그것은 바로 '너무 비싸다.'는 것입니다."

그러면서 안나는 그래프가 그려진 그림판을 꺼내 들었다.

"2020년 발표된 국회 예산처 자료에 따르면 태양광 발전으로 1킬로와트시의 전기를 만드는 데 약 264원 정도의 비용이 들어갑니다. 하지만 원자력 발전으로는 54원이면 충분합니다. 4분의 1 정도의 가격으로 같은 양의 전기를 만들어 낼 수 있는 것이죠. 또한 원자력은 유연탄 83원, 무연탄 118원이라는 비용과 비교해 볼 때도 훨씬 경제적이어서 여러 대안 중 가장 적합하다고 할 수 있습니다. 만약 원자력을 포기하고 전기료를 매달 네 배씩 더 내야 한다면 과연 사람들이 좋아할까요?"

안나의 날카로운 지적에 명성 초등학교 팀은 순간 당황한 기색이 역력했다. 누구도 전기료를 네 배씩 더 내고 싶지는 않을 것이다. 특히 그 이유가 실제로 일어나지 않을 수도 있는 사고를 예방하기 위해서라면 더욱 그러할 것이다. 기세가 오른 안나는 주장을 계속 이어 갔다.

"무엇보다도 태양광 발전은 햇빛을 많이 받을수록 더 많은 전기를 생산할 수 있는 구조이기 때문에 발전소를 짓는 데 엄청난 땅이 필요합니다. 미국 원자력 에너지 협회NEI의 2007년 자료에 따르면 1,000메가와트의 전력 생산을 위해 원자력은 여의도 면적의 0.2배 정도면 충분하지만, 태양광은 15배, 풍력은 무려 70배의 땅이 필요하다고 했습니다. 호주나 미국처럼 땅이 넓은 나라라면 또 모르겠지만, 우리나라처럼 좁은 나라에서는 한계가 있다고 할 수 있습니다."

"원자력 발전은 값은 쌀지 몰라도 방사능 폐기물을 안전하게 처리하는 비용이 많이 듭니다. 이것까지 합친다면 추가적인 비용이 발생하지 않는 신재생 에너지에 비해 더 비쌀 수도 있습니다."

안나의 의견에 재중이 반론을 폈다. 하지만 안나는 그 부분에 대한 대답도 준비해 놓고 있었다.

"실제로 사후 처리 비용이 실제보다 낮게 책정되었다는 의견이 있었습니다. 그래서 2012년 지식 경제부는 재조사를 통해 사후 처리 비용을 재평가했습니다. 하지만 사후 처리 비용을 더 추가하여도 여전히 여러 발전 방법 중 가장 싼 것임에는 변함이 없습니다."

"만약 사고가 난다면요? 일본의 경우를 보듯이 원자력 발전소에서 사고가 난다면 그 피해는 돈으로 따질 수 없을 정도입니다. 그 비용도 고려한 것인가요?"

"그 부분은 앞서 말씀드렸듯이 가능성이 낮은 가정에 불과합니다. 실제로 우리나라에서 사고가 난 적도 없고요."

"우리나라라고 해서 완벽하게 안전하다고 보장할 수 있나요? 또한 원전의 폐기물은 핵폭탄을 만들 수 있는 위험한 물질입니다. 수십만 년이 지나도 사라지지 않는 위험한 물질을 지구상에 계속 만들어 내는 것은 현 세대만이 아닌 후손에게도 피해를 주는 일 아닐까요? 단지 현재 비용이 가장 적게 든다고 후대에 미칠 영향은 고려하지 않는 게 옳은 일인가요?"

세나의 날카로운 지적에 안나는 잠시 주춤하였다. 영민 팀은 토론 준비를 하며 원자력 에너지가 후대에 미칠 영향에 대해서는 충분히 반박할 답을 못 찾았기 때문이었다.

그런데 불행 중 다행으로 사회자가 안나의 차례에 끼어들었다.

"자자, 진정해 주시고요. 이제까지의 내용만으로도 충분히 서로의 입장은 이해했으리라 생각합니다. 원자력 발전소가 경제성이 있다는 주장은 현재를 반영한 것 같고, 태양광 발전을 늘려나가야 한다는 것은 미래를 내다본 것 같군요. 서로의 관점에 따라 의견이 달라지긴 했지만 상대편의 주장에도 일리가 있었다는 점은 모두 동의할 것입니다."

두 팀 다 고개를 끄덕였다. 당장의 경제성에 대해서 의견이 달랐던 것이지, 신재생 에너지가 미래의 에너지라는 점에 대해서는 영민 팀도 반대하지 않았다. 특히 이번 토론을 통해서 원자력 발전의 한계는 물론 신재생 에너지의 종류에 대해서도 많은 것을 배울 수 있었다. 선생님의 말대로 승패와 관계없이 유익한 시간이라는 생각이 들었다.
"저도 오래간만에 수준 높은 토론을 본 것 같아 기분이 아주 좋습니다. 그럼 잘 쉬고, 내일 만나도록 하죠."
이렇게 토론 대회의 첫째 날이 끝났다. 어떻게 지나갔는지 모를 시간이었지만, 영민은 그래도 세나 앞에서 망신은 당하지 않았다는 것에 만족했다. 그리고 처음에는 그냥 말장난으로 생각했던 토론에 대해 조금씩 생각이 바뀌는 것이 느껴졌다. 영민이는 내일이 빨리 왔으면 좋겠다고 생각했다.

함께 정리해 보기
원자력 에너지 사용 유무에 대한 쟁점

원자력 에너지는 불가피하다	논쟁이 되는 문제	원자력 에너지는 올바른 대안이 아니다
핵폐기물은 드럼통에 밀봉되어 안전한 곳에 보관되고, 약간의 방사능은 사실 우리 생활에도 있으므로 위험하지 않다.	원자력 발전은 위험한가?	지난 50년간 수십 건의 원자력 발전소 사고가 일어났으며, 사고가 나면 대량의 폐기물이 유출되므로 위험하다.
원자력 발전은 현재 우리나라 전력 생산의 30퍼센트를 담당하고 있으며, 신재생 에너지는 발전 속도가 더디고 비싸기 때문에 대체할 수 없다.	원자력 발전 외에 대안은 없는가?	태양광 발전, 풍력 발전, 조력 발전 등 다른 대안이 많이 있기 때문에 원자력 발전은 없어져야 한다.

2장

과학 기술, 지구 환경에 독일까, 약일까?

과학 기술 비판 팀

재중 세나 강호

명성 초등학교

과학 기술은 자연이 스스로 정화할 수 없는 새로운 오염 물질까지 만들어 내서 여러 생명체를 위협하고 있어. 자동차나 기계에서 나온 매연은 공기를 오염시킬 뿐만 아니라 지구를 점점 더 덥게 만들고 있어. 산업 혁명 이후로 지구의 평균 온도는 그 전에 비해서 훨씬 증가했어. 이는 극지방의 얼음을 녹여서 바다의 수위를 높여 작은 섬나라를 물에 잠기게 하거나, 여러 가지 기상 이변을 일으키고 있지. 만약 이대로 계속 가다간 아예 지구가 멸망해 버릴지도 몰라! 과학 기술이 없으면 조금 불편하겠지만, 지구가 멸망하는 것보다는 낫지 않겠어? 그러니 과학 기술의 발전을 규제해야 해.

과학 기술 옹호 팀

안나

영민

찬호

한빛 초등학교

과학 기술이 새로운 환경 오염을 만들어 낸 것은 사실이지만, 실제로 환경 오염은 예전에도 있었어. 게다가 예전 도시의 환경 오염은 오히려 지금보다 더 심각했지. 지금은 과학 기술의 발달로 상수도 시설이나 정화 시설이 발전되어서 오히려 나아진 편이야. 지구 온난화는 물론 사실이지만, 그 원인이 분명하지가 않아. 왜냐면 과거 기록을 살펴보면 예전에도 지구의 온도가 높아졌다는 증거들이 있거든. 예전에는 과학 기술이 그다지 발전하지 않았었는데 왜 그랬을까? 그건 아마도 과학 기술의 발전과 지구 온난화가 생각보다 큰 상관이 없는 것이 아닐까? 따라서 모든 것을 과학 기술 탓으로 돌리고 그 발전을 방해하는 것은 옳지 않아.

두 번째 토론 대회 시작!

　토론 대회장으로 가는 길, 영민은 고민에 빠져 있었다. 지난번 대회에서 바라던 대로 세나와 만났지만 별다른 대화를 나누지 못했기 때문이다. 대회가 끝나자 세나는 팀원들과 함께 홀연히 사라져 버렸다. 영민은 그 이유가 혹시 자신의 팀이 예상을 깨고 세나 팀과 막상막하로 겨루어서 세나를 불안하게 만든 건 아닐까 궁금했다. 만약 그렇다면 '이번엔 일부러 못해야 하나?' 하는 생각도 들었지만, 그럴 경우에는 오히려 세나가 영민에게 실망할지도 모른다. 그야말로 이러지도 저러지도 못하는 상황이었다.
　'하긴 어떻게 해야 하는지 알아도 맘대로 이기고 질 수 있는 것도 아니지.'
　영민은 피식 웃음이 났다. 토론에는 별로 관심도 없던 자신이 토론 강

팀인 명성 초등학교를 상대로 이길지 말지를 고민하고 있으니 말이다. 그래도 지난 토론은 꽤 재미있었다. 텔레비전에서만 보았던 원자력 에너지에 대해서 더 깊이 알 수 있게 되었고, 상대방을 설득하는 과정이 마치 영민이 좋아하는 게임을 하는 기분이었다.

"오! 오늘은 늦지 않았네!"

대회장 입구에 다다르자 찬호와 안나가 영민을 반겼다. 지난 토론 이후로 안나와 찬호는 한층 가까워졌다. 아마 모두 긴장하고 있을 때 보여 준 찬호의 멋진 모습 덕분일 것이다. 그래서인지 안나가 찬호의 절친인 영민을 보는 눈길도 전보다는 부드러워진 것 같았다.

"오느라 수고했어. 영민아."

양지원 선생님도 영민이를 반겼다. 지난 토론이 끝난 후, 첫 토론인데도 불구하고 잘 해냈다고 선생님에게 칭찬을 들었다. 초반에 긴장해서 말을 더듬는 것은 누구나 마찬가지이며 그냥 마음을 편히 가지면 된다는 조언을 들은 영민은 이번에는 좀 더 잘 해내리라고 다짐했다. 이제 곧 두 번째 토론이 시작하려 하고 있었다.

정말 지구 환경은 나빠진 걸까?

"자, 오늘의 주제는 '지구 환경에 대한 과학 기술의 영향'입니다. 먼저 준비가 된 팀부터 시작해 주시기 바랍니다."

사회자의 말이 끝나기 무섭게 명성 초등학교의 재중이 손을 들었다. 영민은 거침없이 발표하는 재중을 보며 어제 선생님이 조언해 준 내용을 떠올렸다.

"명성 초등학교의 최대 강점은 토론 주제를 정확히 이해하고 있다는 거야. 토론은 그냥 생각나는 대로 이야기하는 대화와 달리 한 가지 주제를 정해 놓고서 하는 활동이야. 그래서 주제를 벗어나지 않는 내용을 말하는 것이 중요하지. 명성 초등학교는 그걸 아주 잘하고 있어. 특히 과학 토론은 과학 지식이 필요한 경우가 많아서 이해하기가 쉽지 않은데 명성 초등학교 아이들은 모두 과학 상식이 많은 모양이야."

"그럼 어떻게 하면 좋죠?"

안나가 걱정스러운 얼굴로 물었다. 토론 실력도 뛰어난데 과학 상식도 우수하다니, 도저히 이길 수 없는 상대라는 생각이 들었던 것이다. 하지만 선생님은 아무 문제없다는 듯 밝게 웃었다.

"너희가 그것을 이용해야지."

"이용이요?"

"명성 초등학교가 먼저 토론을 시작하도록 두면 알아서 주제에 대해서 설명해 줄 뿐만 아니라 어떤 내용에 대해서 말해야 하는지도 정리해 줄 거야. 그럼 너희는 그것에 대해서 대답만 하면 되지 않겠니?"

과연. 토론 경력 10년의 국어 선생님다운 놀라운 작전이었다. 적의 장점을 이용하다니. 영민은 상상도 할 수 없었다.
"그러니 너무 걱정 말고 상대방이 하는 이야기를 잘 귀담아들어 보렴. 배울 점이 많으니까 말이야."

그래서 영민은 재중이 하는 이야기에 집중했다.

"지구 환경 문제는 크게 두 가지로 나누어 볼 수 있습니다. 그것은 환경 오염과 기후 변화입니다. 환경 오염에 대해서 먼저 말씀드리겠습니다. 환경 오염은 인간 생활에서 발생하는 매연, 오수, 폐수, 분진 등이 환경을 오염시켜 인간이나 생물의 건강, 혹은 생존에 장애를 주는 현상을 말합니다. 물론 과거에도 환경 오염이 없었던 것은 아니었습니다. 인간이 살아가는 데 어느 정도의 쓰레기는 발생하기 마련이니까요. 똥도 싸야 하고요."

찬호의 입에서 쿡쿡 웃음소리가 흘러나왔다. 그러나 재중은 한없이 진지한 표정으로 계속 말을 이어 나갔다. 영민이 보기엔 그런 찬호가 로봇 같아 보였다.

"하지만 그때는 자연이 감당할 수 있는 범위 안에서의 환경 오염이었습니다. 동물이 싼 똥, 사람들이 먹다 버린 음식, 쓰고 버린 종이 등은 땅속의 미생물이 분해할 수 있었지요. 하지만 문제는 1800년대부터 본격적으로 시작된 '산업 혁명'으로 심각해졌습니다. 이때부터 인류는 지구가 자연적으로 분해할 수 없는 오염 물질이나 쓰레기를 대량으로 만들어 내기 시작했습니다."

재중은 그림판을 꺼내 들었다.

"산업 혁명 이전에 인간이 배출하는 쓰레기는 기껏해야 종이나 과일 껍질 같은 것이었습니다. 자연적으로 사라지는 데 길어야 2~5년 정도밖에 걸리지 않지요. 하지만 산업 혁명 이후 석탄과 석유 제품을 사용하면서 나일론과 스티로폼, 플라스틱 등이 만들어졌습니다. 모두 30년에서 500년

구분	품목	썩는 기간	구분	품목	썩는 기간
종이		2~5년	오렌지 껍질		6개월
담배 필터		10~12년	우유 팩		5년
나무 젓가락		20년 이상	종이컵		20년 이상
가죽 구두		25~40년	나일론 천		30~40년
스티로폼 용기		50년 이상	플라스틱 용기		50~80년
알루미늄 캔		80~100년	일회용 기저귀		500년 이상
칫솔		100년 이상	음료수병		1000년 이상

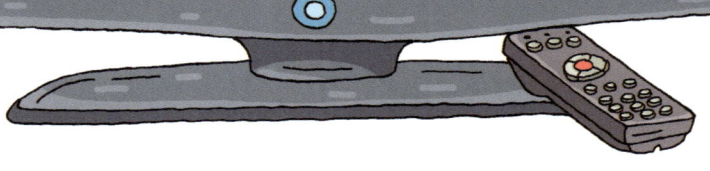

산업 혁명과 환경 오염

산업 혁명은 18세기 중엽 영국에서 시작된 기술 혁신으로 인한 사회 전반적인 변화를 뜻한다. 이와 관련한 기술이 한 가지만 있는 것은 아니지만 가장 대표적인 것은 1769년 영국의 기술자였던 제임스 와트가 발명한 증기 기관이다. 증기 기관 덕분에 전에는 인간이 하던 일을 기계가 할 수 있게 되었고, 지치는 법을 모르는 기계는 이전보다 훨씬 많은 물건을 생산하였다. 게다가 증기 기관차와 철도 교통의 발달로 상권이 확대되면서 그렇게 생산된 물건들이 전 세계로 뻗어 갔다.
이 부분만 보면 인류 삶의 수준을 획기적으로 끌어올린 놀라운 혁명이라고 이야기할 수 있지만, 이와 더불어 발생한 공장 매연, 자동차 매연 등의 오염 물질과 대량 생산된 물건으로 인한 쓰레기가 심각한 환경 문제를 일으켰다.

이 지나야 썩는 것들입니다. 이렇게 잘 썩지도 않는 쓰레기들이 이전과는 비교할 수도 없는 속도로 대량으로 쌓이다 보니 지구는 자연스럽게 쓰레기 행성이 되어 버린 것입니다."

재중이 자리에 앉으며 강호가 일어났다.

"쓰레기가 쌓이는 것만이 문제가 아닙니다. 여러분도 학교에서 1952년 런던에서 일어난 스모그 사건을 배우지 않았습니까? 석탄 매연이 안개와 함께 뒤섞이면서 사람들에게 치명적인 독가스로 변했고 5일 동안 무려 4천 명이 호흡기 질환으로 사망했습니다. 이후 3개월간 8천 명이 증상 악화로

런던형 스모그와 LA형 스모그

1950년대 런던은 가정이나 공장에서 난방을 위해 주로 석탄을 사용했다. 마치 우리가 80년대에 연탄을 사용했던 것처럼 말이다. 그런데 석탄은 탈 때 아황산 가스(이산화 황)라고 해서 유독성 물질인 황을 포함한 가스를 내뿜는다. 이 가스는 물과 만나면 황산으로 변하게 되는데, 황산은 우리가 화학 실험에서나 보는 아주 위험한 액체다. 그런데 1952년 12월 유난히 추웠던 겨울, 런던 사람들은 석탄을 더 많이 사용했고, 여기서 나온 아황산 가스는 아침에 깔린 안개와 만나 황산 안개를 만들어 버렸다. 그 결과 이 안개를 흡입한 수만 명이 죽거나 호흡기 질환에 걸리게 되었다. 그 이후로 이렇게 황에 의한 런던형 스모그라고 부르게 되었다.

한편 1955년 미국의 로스앤젤레스(LA)에는 자동차가 많았는데, 당시의 자동차는 배기가스에 포함되어 있는 질산 가스를 거르는 장치를 부착하지 않은 상태였다. 이 질산 가스는 강한 태양 빛을 만나면 대기 중의 탄화수소와 반응하여 '옥시던트'라는 유독성 물질을 만드는데 햇볕이 강했던 여름인 1955년 8월에 바로 그런 현상이 일어난 것이다. 런던형 스모그만큼은 아니었지만, 이 현상으로 인해 또 수백 명이 죽거나 병에 걸렸다. 그 이후로 사람들은 이러한 질소 산화물로 인한 스모그를 LA형 스모그라고 부르며, 자동차에서 이런 유독성 물질이 나오지 않도록 조심하고 있다고 한다.

사망했고요. 밖에 나가 숨을 쉰 것만으로 수천 명이 목숨을 잃는다는 것이 말이 되는 이야기입니까?"

런던 스모그 이야기는 교과서에서 익히 봐 와서 어느 정도는 알고 있었

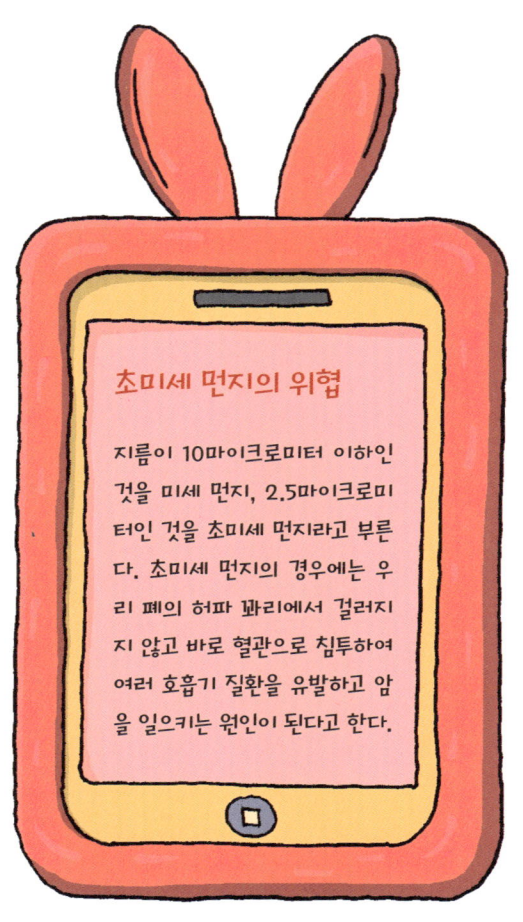

초미세 먼지의 위협

지름이 10마이크로미터 이하인 것을 미세 먼지, 2.5마이크로미터인 것을 초미세 먼지라고 부른다. 초미세 먼지의 경우에는 우리 폐의 허파 꽈리에서 걸러지지 않고 바로 혈관으로 침투하여 여러 호흡기 질환을 유발하고 암을 일으키는 원인이 된다고 한다.

지만, 정확한 수치를 들으니 정말 충격적이었다. 사실 영민 팀도 환경 오염을 조사하며 우리나라의 황사 문제도 보통 심각한 것이 아님을 깨달았다. 과거의 황사는 중국의 사막과 황토 지대의 모래나 먼지가 하늘에 떠다니다가 상층 바람을 타고 멀리까지 날아와 우리나라에 떨어지는 것을 의미했다. 이 정도는 그래도 자연의 모래 수준이었으니까 괜찮았다. 그러나 최근 중국에서 불어오는 황사 및 먼지바람은 그 정도가 아니다. 중국이 세계의 공장이 되면서 매연과 중금속이 황사의 모래바람에 섞여 날아오는 것이다. 이 정도만으로도 영민 팀은 크게 놀랐었는데, 실제로 수만 명이 과거에 죽었었다니 대기 오염의 무서움이 상상 이상이라는 생각이 들었다.

"공장에서 나오는 폐수 역시 전에는 거의 배출되지 않았던 중금속과 화학 물질로 오염되었습니다. 예를 들어 1953년 일본 미나마타 시의 화학 공장에서 폐수를 바다에 배출하였는데, 이때 폐수에 포함된 수은이 바다의 물고기나 조개류에 들어갔습니다. 이 어패류를 장기간 잡아먹은 어민들은 수은 중독으로 신경 마비를 일으켜 300여 명이 정신 신경 증상으로 사망하고, 1962년까지 약 5천 명의 중독 환자가 발생하는 끔찍한 사태가 일어났습니다."

이 말과 함께 강호는 온몸이 비틀린 어린아이의 사진을 들어 보였다. 모두 헉 소리와 함께 숨을 멈출 수밖에 없었다. 사진 속 고통으로 신음하는 어린아이의 모습은 비참했고, 인류의 환경 오염이 얼마나 심각한 문제를 일으키는지를 여실히 보여 주었다.

"이런 자연의 섭리를 거스르는 끔찍한 일은 과거에는 없었던 일입니다. 왜냐하면 중금속을 이렇게 대량으로 배출할 수 있는 기술이 없었기 때문입니다. 과학 기술의 발달로 생활은 편리해졌을지 모르지만, 인류는 더 위험해졌다고 생각합니다. 따라서 과학 기술의 발달을 억제하고 환경 보호에 좀 더 힘써야 한다는 것이 저희 팀의 생각입니다."

강호가 발표를 마치고 자리에 앉았다.

지구 환경이 나빠진 것이 온전히 과학 기술 때문?

영민 팀의 차례였지만 어느 누구도 쉽게 말을 꺼낼 수 없었다. 함부로 반론했다간 마치 사진 속 아이의 슬픔에 공감하지 못하는 사람이 되는 것 같았기 때문이다. 그러나 그렇다고 아무 말도 안 할 수는 없다. 역시

이럴 때 의지가 되는 것은 찬호였다.

"환경 오염이 심각한 문제라는 점은 물론 동의합니다. 지구를 병들게 하고 인류의 생존을 위협하는 환경 오염은 반드시 해결되어야 합니다."

여기서 찬호는 잠시 말을 끊고 조심스럽게 말을 이었다.

"그리고 과학 기술이 거기에 어느 정도의 책임이 있는 것도 사실입니다. 하지만 그렇다고 모든 환경 문제를 과학 기술의 탓으로 돌리는 것은 잘못입니다."

"어떤 점이 잘못이죠? 과학 기술이 발달하기 전에는 이런 문제가 없었습니다. 과학 기술 때문에 이런 일이 생긴 것 아닌가요?"

세나가 반박했다. 분명히 맞는 말이었다. 이에 대해서 뭐라고 할 수 있을까? 하지만 찬호는 당황하지 않았다.

"1894년, 그러니까 지금으로부터 약 120년 전에 영국의 일간지인〈런던 타임즈〉에 이런 기사가 실렸습니다. '말똥이 위험 수위에 다다랐다. 이대로라면 1950년쯤엔 런던의 모든 거리가 3미터 두께의 말똥으로 뒤덮일 것이다.'라고요."

황당한 이야기였다. 말똥으로 도시가 뒤덮인다니?

"당시는 마차나 말을 타고 다니던 시절이었습니다. 그러니 거리에 말들이 많을 수밖에요. 미국 대도시엔 무려 10만 5천 마리의 말이 있었다고 합니다. 이러한 말들이 똥을 하루에 한 번씩만 싼다고 해도 어마어마하겠죠? 매일 5백 톤 정도의 말똥이 생겼다고 합니다."

10만 마리의 말이 똥을 싸는 상상을 하니 영민은 절로 웃음이 났다. 다른 아이들의 표정을 보아하니 자신만 그런 것은 아닌 것 같았다. 하지만 찬호는 태연하게 말을 이어 갔다.

"말똥에는 파리와 구더기가 들끓고 말똥이 도시 하수도를 오염시켜 여러 환경 문제는 물론 질병도 일으켰습니다. 비라도 오는 날에는 말똥들

이 거리에 둥둥 떠다녀서 도시의 환경은 정말 심각한 수준이었습니다. 하지만 그렇다고 말을 없앨 수는 없었습니다. 왜냐하면 수천 년간 말은 주요한 운송 수단 중 하나였고, 화물을 운반하거나 마차를 끌기 위해서 말은 반드시 필요했습니다. 그래서 1898년에 열린 국제도시 개발 회의 때 전 세계의 석학들이 모여 '말똥을 어떻게 할 것인가?'란 주제로 토론을 했지만, 답이 안 나왔다고 합니다."

유명한 학자들이 겨우 말똥 하나로 고민한 것이 우스운 이야기 같았지만, 다시 생각해 보니 그럴 수도 있겠다는 생각이 들었다. 다행스럽게도 조금 유머러스한 찬호의 발표를 듣다 보니 심각한 분위기가 해소되는 것 같았다. 찬호가 말을 이었다.

"지금의 학자들이 자동차 매연을 어떻게 해결할지 고민하는 것처럼 당시의 학자들은 말똥을 해결할 방법을 고민했습니다. 그리고 더 놀라운 것은 이러한 말똥 문제를 해결한 것이 바로 자동차였습니다."

의외였다. 자동차는 환경 문제를 일으키는 주범이라고만 생각했는데, 자동차가 환경 문제를 해결했다니!

"자동차는 과학 기술이 환경에 도움을 준 대표적인 사례라 할 수 있지요. 그런데 왜 우리는 이러한 고마움은 잊어버리는 걸까요? 그건 우리가 현재의 문제만을 보고 과거의 문제는 잊어버리기 때문입니다. 문제는 언제나 존재합니다. 그리고 과학 기술은 그러한 문제를 해결하는 실마리를 가져올 수 있습니다."

"자동차가 말똥 문제를 해결했어도 자동차가 내뿜는 매연은 분명 환경을 오염시키지 않나요?"

"맞습니다. 하지만 그 역시 매연 여과 장치나 전기 자동차의 발명으로 문제를 해결할 수 있습니다."

찬호는 강호의 지적에도 당황하지 않고 대답했다. 연이어 세나가 물었다.

"그렇다면 공장의 매연이나 폐수는 어떻게 생각하시죠? 그건 과학 기술의 탓이 아닌가요?"

"물론, 과학 기술의 발달로 전에 없던 유독성 물질들이 많이 발생한 것은 사실입니다. 하지만 예전에 유럽은 더러운 물을 그냥 길바닥에 흐르도록 놔두거나 강으로 바로 버렸습니다. 그리고 여러 오염 물질에 대한 관리도 제대로 하지 못했습니다. 그래서 흑사병 같은 대규모의 전염병이 돌고 위생 문제도 끊이질 않았죠. 하지만 지금은 오염된 물이 나가는 곳과 사람이 쓰는 물이 들어오는 곳을 분리하고, 기타 오염 물질들도 잘 통제하는 덕분에 200년 전보다 훨씬 전염병이 줄고 살기 좋은 세상이 되었습니다. 명성 초등학교 팀도 지금이 200년 전보다 더 살기 힘들다고 생각하는 것은 아니시겠죠?"

찬호의 질문은 적절했다. 분명 과학 기술의 발달로 환경 문제가 일어나는 것도 맞지만, 과학 기술의 발달로 환경 문제를 해결하는 것도 사실이다. 앞서 세나 팀이 예로 든 스모그 문제도 50년 전에는 심각했지만, 지금은 정화 기술의 발달로 그만큼 심각한 문제는 발생하지 않지 않은가.

"산업 혁명 이전보다 산업 혁명 이후에 기아나 질병으로 죽는 사람의 수 역시 훨씬 적어졌습니다. 예전에는 60세만 넘어도 오래 살았다며 환갑

잔치를 했지만, 요새는 평균 수명이 100세라고 하지 않습니까? 이러한 변화 역시 의학 기술의 발달로 가능한 일이 아닐까요?"

명성 초등학교에서는 한빛 초등학교 팀이 어느 정도 환경이 파괴되더라도 과학 기술은 버릴 수는 없다고 주장할 것이라 예상했었다. 그런데 과학 기술은 환경 파괴가 아닌 환경에 도움이 된다는 예상하지 못한 주장을 내세우니, 반격을 어떻게 해야 할지 고민하는 눈치였다. 하지만 사실 찬호의 주장엔 약점이 있었다.

지구 온난화의 위험성

영민의 맞은편에 앉은 세나가 차분히 일어나며 말했다.

"그것은 인간 중심적인 생각입니다. 아무리 자동차가 발명되기 전에 도시가 더 오염되었었다 하더라도 지구라는 행성 전체를 놓고 보면 오염 문제는 지금이 훨씬 더 심각합니다. 비단 오염 문제만 아니라 앞에서 언급했던 두 번째 환경 문제인 '기후 변화'만 해도 그렇죠."

세나가 정확하게 찬호가 주장한 근거의 약점을 지적했다. 과학 기술이 과거의 환경 문제를 해결한 것은 맞으나 그건 인간의 입장에서만 따져 본 것이었다.

하지만 세나 역시 사람이 살지 않는 지역의 환경 오염 정도를 미처 조사하지 못했다. 자세히 알지 못하는 내용을 섣불리 말했다가는 역공을 맞을 가능성이 크다. 그래서 세나는 환경 오염 문제가 아닌 기후 변화 문제로 논의를 바꿨다.

"원래 지구 주변을 감싸고 있는 대기는 지구에서 빠져나가려는 에너지를 흡수해서 다시 지구로 돌려보내는 역할을 합니다. 마치 우리 몸에서 빠져나가는 열을 흡수해서 우리를 따뜻하게 해 주는 이불이나, 옷과 같은 역할을 하는 것이죠. 이러한 대기의 작용을 '온실 효과'라고 합니다. 그런데 문제는 온실 효과가 너무 강화되었을 때 일어납니다. 온실 효과가 과도하게 일어나면 지구의 온도가 급격히 높아집니다. 이러면 지구가 더워지면서 여러 가지 문제가 일어나는데 이것을 '지구 온난화'라고 합니다."

세나는 북극곰 모자가 얼마 남지 않은 얼음 위에서 애처롭게 서로를 안고 있는 사진을 꺼내 들었다. 확실히 명성 초등학교는 시각적 자료 준비가 잘 되어 있었다.

"지구의 온도가 높아지면 먼저 남극과 북극의 빙하가 녹습니다. 빙하가 녹으면 바다에 물이 많아지면서 바다 근처의 육지들이 물에 잠기게 됩니다. 실제로 남태평양의 아름다운 섬나라 투발루의 경우에는 최근 몇 년 사이에 해수면이 높아지면서 나라 전체가 물에 잠길 위기에 처했다고 합니다. 이 역시 지구 온난화의 무서운 결과라고 할 수 있습니다. 지구 온난화의 가장 큰 원인은 인간이 석탄이나 석유 같은 화석 연료를 사용하면서 대기 중에 이산화 탄소가 증가했기 때문입니다. 많은 과학자들의 공통된 의견이지요. 자동차를 비롯한 공장의 기계들을 움직이는 데 쓰는 것이 바로 석탄과 석유가 아닌가요? 즉, 과학 기술의 발전으로 인류는 물

론 지구 환경, 지구 생명체에 거대한 재앙이 닥친 것입니다."

지구 온난화 이야기는 영민 팀이 가장 두려워한 주제 중 하나였다. 미디어를 비롯한 수 권의 책에서도 지구 온난화를 경고하고 있어서 이에 반대할 만한 근거를 찾기가 어려웠다. 세나도 그것을 알고 있는지 자신 있다는 표정으로 영민 팀을 바라보았다.

"즉, 과학 기술은 지구 환경을 오염시키는 것만이 아니라 지구의 기후를 바꿔서 지구 생명체 전체에 위기를 불러오고 있습니다. 인류 발전에 과학 기술이 어느 정도 필요한 것은 사실이지만, 이제는 그 발전의 속도를 늦추고 자연을 돌봐야 한다고 생각합니다."

"흠흠. 지구가 따뜻해진다고 해서 꼭 나쁜 점만 있을까요? 겨울이 따뜻해지면 난방을 안 해도 되니까 가스와 석유 사용량도 줄고, 그러면 화석 연료를 적게 사용하므로 난방비 절약도 되고, 환경 파괴도 줄어들 수 있습니다."

영민이 주저하며 말을 꺼냈다. 하지만 세나는 그 정도는 이미 예상했다는 투였다.

"잘못된 생각입니다. 지구 온난화가 반드시 겨울이 따뜻해진다는 것을 의미하지는 않습니다. 지구 온난화의 위험을 경고한 앨 고어의 《불편한 진실》이란 책에 따르면 지구의 온도가 올라가면 기단의 움직임이 활발해져서 기상 이변이 일어날 가능성이 높아진다고 합니다. 겨울에 평소보다 훨씬 추운 '한파'가 찾아올 가능성도 있다는 뜻이죠. 또한 여름이 훨씬 더워져서 에어컨 사용량이 늘어 연료 소비가 더 증가할 수도 있습니다.

그럼 도리어 지구 온난화 문제가 더욱 심각해질 것입니다."

"그, 그런가요."

세나의 논리 정연한 말투에 영민은 할 말이 없었다. 영민은 준비를 충분히 못 한 것이 후회되었다. 자신의 생각이 맞는지 좀 더 자료를 찾아봤어야 했다.

"또, 지구 온난화가 심각하지 않다는 측에서는 날씨가 따뜻해지니 농사를 많이 지을 수 있게 된다는 이야기도 하는데, 역시 기상 이변의 증가로 결과적으로는 농사에도 악영향을 준다는 의견이 더 지배적입니다."

세나는 영민이 더 의견을 말하지 않자, 앞서 나올 질문까지 차단하는 치밀함을 보였다. 역시 예상했던 대로 지구 온난화를 반박하는 것은 쉽지 않았다. 아니, 반대의 근거가 있다고 해도 자칫 잘못했다간 지구를 파괴하는 일에 동조하는 것처럼 보일 염려가 있었다. 전 세계적으로 지구 온난화의 심각성을 이야기하는 마당이니 어쩔 수 없기도 했지만 말이다.

영민은 도움을 청하는 표정으로 안나를 바라보았다. 안나는 과연 대책이 있을까?

중세 온난기

자리에서 일어선 안나는 자신 있는 표정으로 질문을 던졌다.

"혹시 지금보다 지구 온도가 더 높았던 적이 있다는 것을 알고 있나

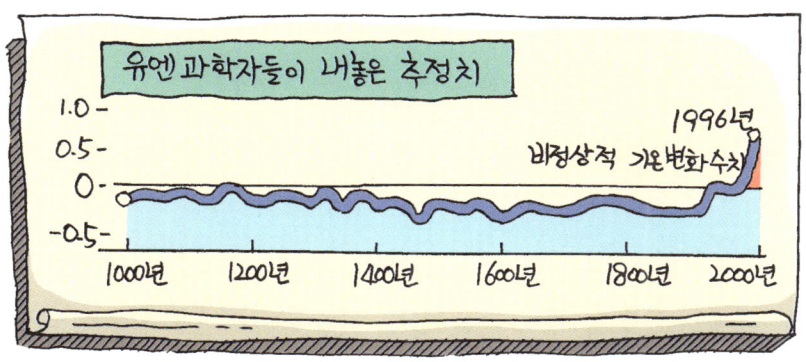

요?"

이게 웬 뚱딴지같은 소리? 예상치 못한 이야기에 세나 팀의 표정이 이상해졌다. 지구의 온도가 최근 들어 급격하게 높아졌다는 것이 지구 온난화 주장의 주된 근거였다. 그런데 안나는 지금 그에 반대되는 이야기를 하고 있었다.

"위쪽 그래프는 유엔의 과학자들이 세계적으로 지구 온난화의 심각성을 알린 보고서의 주된 근거였어요. 지난 천 년 동안 지구의 온도가 거의

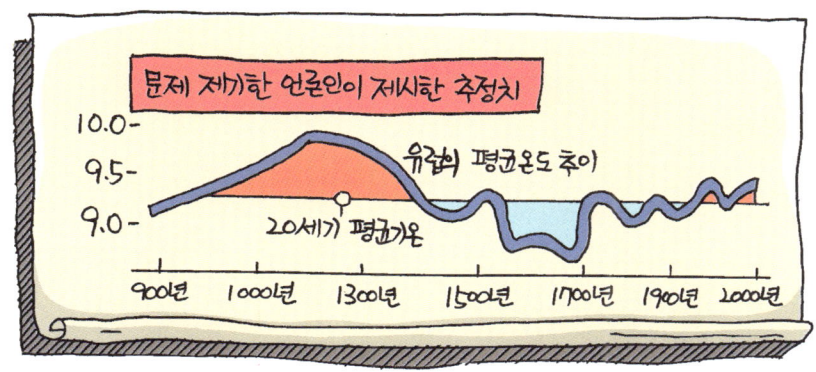

일정하다가 최근 50년 동안 급격하게 상승했다는 것을 보여 주고 있지요. 하지만 최근 들어서 이 그래프의 오류가 발견되었습니다."

"아래쪽 그래프를 보세요. 지금보다 오히려 1200년대의 온도가 더 높았다는 것을 보여 줍니다. 그런데 1200년대는 당연히 산업 혁명 이전이므로 이산화 탄소가 지금처럼 많이 배출되지 않았던 시절입니다. 그러면 1200년대에는 온도가 왜 높았을까요?"

"온도가 왜 높았는지를 말하기 전에 과연 1200년대의 온도가 정말로 높았는지부터 확인해야 하는 게 아닌가요? 잘못된 그래프일지도……."

"잘못된 그래프라뇨!"

안나의 표정이 무서워지자 세나 팀의 재중이 움찔했다. 안나는 가끔 같은 팀인 영민도 무서울 때가 있었다.

"1965년 램이라는 학자는 여러 역사 기록과 기후 자료를 통해 서기 1000년경부터 1300년경까지 유럽이 지금보다 1~4도 정도 더 높았다고 주장했습니다. 그 첫 번째 증거는 바로 이것입니다."

모든 사람이 안나가 가져온 지도에 집중했다. 그 지도엔 한 지역이 빨갛게 표시되어 있었다. 영민도 세계 지도에서 봤던 땅덩어리였다.

"기억이 날 듯 말 듯 한데, 이름이 뭐였더라?"

"그린란드."

역시 상식이 풍부한 명성 초등학교의 재중이 이름을 맞혔다. 안나는 기다렸다는 듯이 말했다.

"그렇죠. 이 땅의 이름은 그린란드입니다. 아시다시피 지금 이곳엔 얼음뿐이죠. 그런데 왜 이름이 그린란드일까요?"

안나의 말을 듣고 보니 이상했다. 북극에 가까운, 얼음이 대부분인 땅의 이름이 왜 그린란드일까?

"그 이유는 그린란드가 예전에는 푸른 초목으로 뒤덮인 따뜻한 땅이었기 때문입니다."

'뭐라고?'

충격적이었다. 수만 년 전도 아니고, 겨우 천 년 전에 기후가 이렇게 달랐을 줄이야.

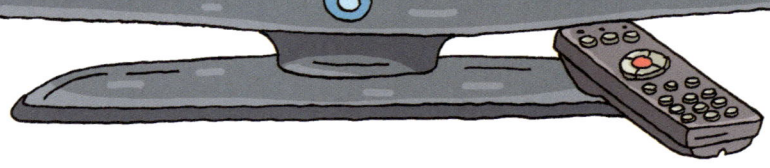

중세 온난기 논쟁

중세가 온난했다고 주장하는 학자들은 지금보다 1,000년 전의 온도가 1~4도 정도 높았다고 이야기한다. 그리고 그 주장은 현재 어느 정도 옳은 것으로 받아들여지고 있다.

한편 지구 온난화를 옹호하며 중세 온난기를 반대하는 학자들은 그 시기 유럽이 따뜻했다고 해서 지구 전체가 따뜻했다고 할 수는 없다고 맞서고 있다. 이 부분은 확실히 연구가 좀 더 필요한 부분이다.

하지만 우리나라에서도 이 시기에 발해에서 쌀이 재배되었다는 기록이 있다. 발해는 북위 43도에 위치한 나라인데 북위 43도는 너무 추워서 쌀을 재배할 수가 없다. 또한 중국 과학 아카데미에서 나무의 나이테와 빙하를 분석해 얻은 자료에 따르면 역시 800~1400년대에 따뜻한 시기가 있었다는 연구 결과가 나왔다. 이에 대한 연구는 지금도 꾸준히 이루어지고 있다. 곧 어느 쪽이 옳은 것인지 알 수 있을 것이다.

"이뿐만이 아닙니다. 현재 독일의 대부분의 작물은 고도 560미터 이하에서 재배되지만 예전에는 더 높은 고도인 780미터에서도 재배되었습니다. 당시엔 기온이 지금보다 높았기 때문입니다. 중세 시대의 기후에 대해서 의견이 다른 이유는 실제로 중세 시대의 온도를 측정한 기록이 없기 때문입니다. 당시엔 지금 같은 온도계나 기상대가 없어서 정확한 온도를 알 수가 없었죠. 그래서 역사 기록에 의존할 수밖에 없습니다. 하지만 현재 제가 앞서 말한 근거로 인해 중세 온난기가 지지를 받고 있습니다.

그리고 산업 혁명보다 훨씬 이전인 1000~1300년대에 지구가 온난했다는 것은 지구 온난화의 원인이 이산화 탄소가 아닌 다른 천문 현상 때문이라는 것을 말해 주는 것이 아닐까요?"

세나 팀은 미처 조사하지 못한 새로운 이야기를 듣게 되어서 충격을 받은 것 같았다. 안나는 예상대로라는 표정으로 발표를 마무리했다.

"따라서 현재 기후 변화의 원인을 오직 과학 기술의 발전 탓이라고만 하는 것은 조금 억울한 측면이 있습니다. 오히려 과학 기술의 발전 덕분에 기후가 변화하는 원인을 좀 더 자세히 알 수 있게 되었고, 그에 대한 예측과 대비도 할 수 있게 되었지요. 그렇기 때문에 저희는 과학 기술의 발전을 억제하기보다는 오히려 지구를 보호하는 방향으로 더욱더 발전시켜야 한다고 생각합니다."

안나의 발표가 끝났지만, 명성 초등학교의 누구도 선뜻 발언을 위해 손을 들지 못했다. 워낙 예상하지 못했던 주장이라 당황했던 것이다.

그러나 역시 이러한 상황에서도 재중은 회복이 빨랐다. 재중이 손을 들고 침착하게 말했다.

"일단, 저희 팀은 지구 온난화가 너무나 자명하다고 생각했기 때문에 말씀하신 부분을 충분히 조사하지 못하였습니다."

발언을 하는 도중에 재중은 이미 평소의 침착한 목소리로 돌아와 있었다.

"그렇기 때문에 함부로 말할 수는 없지만 과연 그 중세 온난기라는 것이 과학적으로 얼마나 신빙성이 있는가에 대해 약간의 의문은 있습니다.

만약 그것이 정말 사실이라면 현재 전 세계적으로 쟁점이 되고 있는 지구 온난화를 전면적으로 재검토해야 할 테니까요."

날카로운 지적이었다. 또한 사실이기도 했다. 현재 중세 온난기에 대해서 모든 과학자가 동의하고 있는 것은 아니다. 그렇기 때문에 영민 팀도 재중의 발언에 맞서 큰 목소리를 낼 수 없었다.

"따라서 일단 중세 온난기를 빼고 생각한다면 지구 온난화 문제는 몇

지구 온난화의 다른 원인들

만약 이산화 탄소 증가가 지구 온난화의 원인이 아니라면 지구가 계속 따뜻해지는 이유는 무엇일까? 그 이유로 과학자들은 '밀란코비치 주기'를 이야기하고 있다. 밀란코비치 주기란 지구의 기후를 변화시키는 아주 오랜 시간에 걸친 천문학적인 변화를 말한다.

예를 들어서 지구의 공전 궤도는 타원형인데, 이 타원이 찌그러진 정도는 10만 년을 주기로 계속 변하고 있다. 만약 지구가 심한 타원형이 된다면 지구와 태양이 가까울 때의 거리가 더 가까워져서 지구에 태양 빛이 많이 들어오게 된다. 그러면 지구가 더 따뜻해질 것이다.

또한 지구 자전축의 기울기는 현재 23.5도인데 4만 1천 년 정도의 주기로 약 22도와 24.5도 사이를 왔다 갔다 한다는 것이 알려져 있다. 이렇게 기울기가 바뀌면 지구에 들어오는 태양 에너지의 양도 변하게 된다.

그리고 태양의 활동이 활발해지는 것이나, 기타 우주의 영향으로 인해서 지구의 온도가 높아질 수도 있다는 주장이 점차 설득력을 얻고 있다. 즉 지구 온난화의 원인이 단지 이산화 탄소 때문만이라고 단정 지을 수는 없다는 것이다. 이렇게 자연 현상은 워낙 복잡한 여러 가지 효과로 인해 일어나기 때문에 파악하기가 쉽지 않다.

 십 년 사이에 심각해진 것이 맞습니다. 그리고 그것의 원인은 인간의 활동, 과학 기술의 발달 때문이죠. 물론 과학 기술의 발달로 이러한 문제 상황을 발견하고 진단한 것은 맞지만, 과학 기술의 발달로 지구 온난화 문제가 심각해진 것 또한 맞다고 생각합니다. 물론 그렇다고 과학 기술의 발달을 막을 수는 없겠지요. 그러나 과학 기술 발달이 인간의 편의만을 위한 것이 아닌 환경 오염을 해결하고 환경을 지키는 쪽으로 발전해야 한다고 봅니다."

 재중의 발언이 끝나자 사회자가 말을 받았다.

"이번 주제는 아직 과학계에서도 명확하게 결론이 나지 않은 부분이 있어 확실히 어느 한쪽의 의견이 옳다고 하기 어려운 측면이 있습니다. 그래도 일반적으로 대중 매체에서 전달하는 정보만을 알고 있고, 이렇게 깊은 부분까지는 모르는 경우가 많은데, 이 정도까지 심도 높은 논의가 진행될 줄은 몰랐어요. 두 팀 모두 훌륭합니다."

사회자로부터 칭찬을 들었지만, 영민은 마음이 개운치 않았다. 이번에는 확실히 자신의 팀이 좋은 점수를 받을 것이라고 생각했는데 결과적으로는 두 팀 모두 비등비등한 것이었다.

'휴. 매 토론마다 쉽지 않네.'

영민은 결국 다음 토론에서도 최선을 다할 수밖에 없다고 생각했다. 다른 아이들 역시 그와 같이 생각하는 것 같았다.

함께 정리해 보기
과학 기술이 환경에 미치는 영향에 대한 쟁점

기술의 발전은 환경에 독이다	논쟁이 되는 문제	기술의 발전은 환경에 오히려 득이 된다
예전의 오염 물질과는 달리 석유 화학 제품은 수백 년이 지나도 썩지 않는 것이 많다. 또한 스모그 현상으로 공기가 오염되어 사람들이 죽어 가고 있다.	환경 오염은 과학 기술의 발전 때문인가?	과학 기술이 발전하기 전에도 환경 오염은 있었다. 오히려 과학 기술의 발전으로 위생 문제가 더 나아졌고, 전염병을 막을 수 있게 되어 살아가는 환경이 더 좋아졌다.
과학 기술이 만들어 낸 기계에서 방출된 이산화 탄소는 온실 효과를 촉진하는 원인 기체로 지구를 더 따뜻하게 만들고 있다. 그로 인해 여러 가지 기상 이변이 발생하고 있다.	지구 온난화는 과학 기술의 발전 때문인가?	이산화 탄소의 배출이 적었던 중세 시대에도 중세 온난기라 할 만큼 지금보다 따뜻한 시기가 있었다. 따라서 지구 온난화는 단지 과학 기술의 발전 탓만은 아닐 가능성이 높다.

3장

우주 개발, 반드시 해야만 할 일인가?

2023년을 기준으로 세계 인구는 80억 명 정도야. 농업 혁명과 산업 혁명으로 비약적인 발전을 이룬 인류는 폭발적으로 성장하였지. 그러나 그에 따른 천연자원의 빠른 소모, 공간의 부족, 인구 밀집 등으로 지구는 이미 포화 상태에 이르렀거나, 곧 포화 상태에 도달하여 인구가 감소할 것이라고 예측하고 있어.

이를 해결하기 위해서 세계의 주요 국가가 해결책으로 내세우는 것은 우주 개발이야. 지구 외에 다른 살 만한 곳을 찾는 거지. 이러한 실용적인 이유 외에도, 우주에 대한 탐구는 인류의 근원에 대한 탐구이고, 미개척지를 개척해 나간다는 의미에서 멈출 수 없는 것이기도 해.

하지만 우주 개발은 비용이 너무 많이 들어. 그리고 비용에 비해 당장 눈에 보이는 성과가 없지. 반면에 난민 구제라거나, 환경 문제 해결 등 당장 돈을 투자해야 할 곳이 많아. 이런 상황에서 우주 개발을 계속해 나가는 것이 과연 큰 의미가 있을까?

우주 개발 찬성 팀

한빛 초등학교

우주에 대한 탐구는 고대부터 현재까지 인류가 계속해 온 근원에 대한 탐구야. 인류도 결국 우주에서 온 것이기 때문에, 우주의 비밀을 밝혀내는 것은 인류 전체의 꿈이라고 할 수 있지. 또한 점점 포화 상태에 이르는 지구의 문제를 한 번에 해결하기 위한 방법도 우주 개발에 있어. 인류가 살 만한 새로운 지구를 찾아내거나, 외계의 친구들을 발견해서 지구 발전에 도움이 될 만한 기술을 얻는다면 놀라운 일이 벌어지지 않겠어? 따라서 우주 개발은 계속되어야만 해.

우주 개발 반대 팀

재중　　세나　　강호

명성 초등학교

우주 개발이 실제로 가치가 있을지도 모르지. 하지만 그것은 우리나라 같은 작은 나라가 아니라 충분한 여유가 있는 강대국들에 맡겨도 충분해. 그 성과를 모두 공유할 수는 없겠지만, 예를 들어 미국이 새로운 지구를 찾는다면 우리도 최소한 그 정보 정도는 알 수 있을 테니, 맨땅에 헤딩하는 것보단 낫지 않겠어? 우주 개발은 돈이 너무 많이 들고, 그에 비해 소득은 없는 일이야. 다른 나라가 이것저것 발견한다고 조바심을 내서 우리도 해야 한다고 말하는 건 뱁새가 황새 따라가다가 다리가 찢어질 일이야. 조금 아쉬울지도 모르지만, 우주 개발에 쏟을 노력을 다른 곳에 돌려서 더 발전한 후에 해도 늦지 않아.

한빛 초등학교의 반격

"이번엔 우리가 먼저 선수를 치자."

"네?"

두 번째 토론을 마친 후 선생님이 청천벽력 같은 이야기를 꺼냈다. 영민은 당황했다.

"선생님, 어제까지만 해도 명성 초등학교가 먼저 토론을 시작하도록 두면 알아서 주제를 설명해 주니, 그걸 이용하자고 하셨잖아요. 전 그 작전에 감명받았었는데요."

선생님은 웃으며 말했다.

"호호호, 그건 너희를 안심시키려고 한 말이었어."

영민은 항상 친절하고 사람 좋아 보이는 선생님에게 의외의 면이 있다고 생각했다.

"이제 너희도 많이 성장했어. 이번엔 너희가 한 방 먹일 차례 같은데. 어떠니?"

영민과 찬호, 안나는 서로 주저하며 눈빛을 주고받을 뿐 아무도 나서지 않았다. 자기 팀이 멋지게 첫 발언을 하면 좋겠지만, 문제는 누가 용감하게 나설 것인가? 아직 모두 용기가 부족했다.

"게다가 너무 명성 초등학교에만 첫 발언 기회를 주면 사회자가 우리의 토론 준비를 의심할 수 있어. 주제를 잘 이해하지 못하고 준비하지 않는 것은 아닌가 하면서 말이야."

영민도 그 점이 걱정되긴 했었다. 하지만 그래도 어쩔 수 없다고 생각했다. 많이 익숙해졌다고는 하지만, 토론의 첫 테이프를 끊기에는 아직 무리였다.

"그렇게 부담스러워하지 않아도 돼."

'부담이 어떻게 안 가요. 망치면 큰일이잖아요.'

영민이 이런 생각을 하는 사이에 갑자기 옆에서 손이 쑥 올라왔다.

"제가 할게요."

찬호였다. 찬호만 계속 앞서 나가는 느낌이었다. 영민은 조금 승부욕이 생기기도 했지만, 그렇다고 첫 번째 발언의 중압감을 자신이 느끼고 싶지는 않았다.

"그래? 그럼 찬호가 해 주겠니? 이번 주제는 미리 말했듯이 '우주 개발, 반드시 해야만 할 일인가?'야."

이번 주제도 쉽지 않았다. 단순히 우주 개발의 장점과 단점만 조사해서 되는 것이 아니라, 그간의 우주 개발의 역사, 우주 개발이 사회에 미치는 영향, 다른 대안은 없는지에 대해서까지 폭넓게 조사해야 했다. 과연 찬호가 잘할 수 있을까?

"다행히도 이번에 우리에게 주어진 역할은 우주 개발에 찬성하는 쪽이야. 반대하는 주장보다는 자료 찾기가 어렵지 않을 거야."

그나마 다행이었다. 우주 개발을 해야 한다는 의견이 반대 의견보다 많을 테니 말이다.

"그럼 찬호가 준비해 오는 것으로 하고, 안나와 영민이도 각자 맡은 부분을 잘 준비해서 내일 다시 보자."

찬호라면 잘 해낼 것이다. 영민은 그렇게 믿으며 자신이 맡은 부분은 빈틈없이 준비해야겠다고 다짐했다.

우주 개발은 인류의 꿈

"자, 세 번째 토론을 시작하겠습니다. 오늘의 주제는 '우주 개발, 반드시 해야만 할 일인가?'입니다. 먼저 준비가 된 팀부터 시작해 주시기 바랍니다."

언제나처럼 명성 초등학교의 재중이 손을 들었다. 그러나 이번엔 찬호도 손을 들었다. 세나 팀은 가만히만 있던 영민 팀에서 손을 들자 놀라는 눈치였다. 사회자도 조금 놀랐는지 멈칫했지만, 이내 찬호 쪽에 기회를 주었다.

"한빛 초등학교는 그동안 먼저 발표할 기회가 많이 없었으니 이번에는 한빛 초등학교 팀의 발표를 들어 보는 게 좋겠습니다. 명성 초등학교도 괜찮지요?"

재중은 어쩔 수 없이 고개를 끄덕이긴 했지만, 생각했던 대로 토론이 흘러가지 않자 당황하는 기색이 역력했다. 영민은 이것만으로도 선생님의 작전이 잘 먹혔다고 생각했다. 남은 것은 찬호가 잘 발표해 주는 것뿐이었다.

"인류는 수천 년 전부터 우주에 대한 꿈을 꿔 왔습니다. 처음으로 우주의 구조를 과학적으로 설명한 아리스토텔레스부터 고대의 천문학을 집대성한 프톨레마이오스, 그리고 우주에 대한 사람들의 고정 관념을 바

천문학의 역사

고대 그리스의 아리스토텔레스는 우주의 중심에 지구가 있고, 그 주위를 태양과 행성, 그리고 별들이 돌고 있다고 생각하는 '천동설'을 주장했다. 사람의 눈으로 보기에 지구는 움직이지 않고, 태양과 달은 매일 뜨고 졌기 때문이다.

하지만 실제로 태양계의 중심에는 태양이 있다. 그런데 지구가 있다고 했으니 실제 관측되는 것과 이론 사이에 차이가 생기게 된 것이다. 처음에는 그 차이가 작았기 때문에 별문제 없이 넘어갔지만, 1,500년 정도의 시간이 흐르자 그 차이가 무시할 수 없을 만큼 커졌다. 그래서 중세 유럽의 천문학자인 코페르니쿠스는 이런 문제들을 해결할 수 있는 방법은 우주의 중심이 지구가 아닌 '태양'이라는 것을 인정하는 것뿐이라고 생각하고, 지구가 태양 주위를 돈다는 '지동설'을 주장했다.

하지만 1,500년 동안이나 믿어 왔던 것을 바꾸는 것은 쉬운 일이 아니었다. 사람들은 처음에는 아무도 지동설에 귀 기울이지 않았다. 그런데 갈릴레오 갈릴레이는 지동설이 일리가 있다고 생각했다. 그래서 자신이 발명한 망원경을 이용해 우주를 관측했고, 그 결과 지동설이 옳다는 것을 뒷받침해 줄 수 있는 여러 가지 증거들을 찾았다. 물론 처음에는 갈릴레오의 증거들조차 의심을 받았지만 결국 사람들도 움직일 수 없는 증거 앞에는 인정할 수밖에 없었다. 그래서 우리는 이제 태양계의 중심이 태양이라는 사실을 제대로 배울 수 있게 된 것이다.

꾸어 버린 코페르니쿠스, 지동설의 증거를 발견한 갈릴레이, 지구가 태양 주위를 도는 원동력을 설명한 뉴턴에 이르기까지 이름난 과학자들은 모두 천문학자였습니다. 과학의 역사는 사실 우주에 대한 탐구의 역사였습니다."

'찬호가 이렇게 과학의 역사에 해박했다니!'

영민은 깜짝 놀라지 않을 수 없었다. 찬호는 애초에 공부도 적당히, 체육도 적당히 하는 친구였기 때문이었다. 찬호는 이번 토론 대회를 통해 크게 달라지고 있었다.

"이렇게 이론적인 영역에 머물던 우주는 1957년 소련이 스푸트니크 위성을 발사하면서 드디어 인류 개척의 대상이 됩니다. 그로부터 수십 년 동안 이어진 각국의 우주 개발 경쟁은 인류가 달을 밟게 하였을 뿐만 아니라, 화성에 로봇을 착륙시키고 우주 기원의 실마리를 찾는 성과를 냈습니다. 이처럼 우주 개발은 끊임없이 앞으로 나아가려는 인류에게는 본능과 같은 것이며, 어려움이 있더라도 이룰 만한 가치가 있는 인류의 숙원입니다. 따라서 우주 개발은 당연히 필요하다고 생각합니다."

찬호는 짧게 안도의 한숨을 쉬며 자리에 앉았다. 겉으로는 티 내지 않았지만, 내심 첫 테이프를 끊는 것에 대한 부담이 컸으리라. 하지만 이로써 찬호는 한 단계 더 성장했을 것이다.

'부럽다.'

영민은 처음 별생각 없이 세나에게 잘 보이려고 토론 동아리를 시작했다. 대회도 세나를 보고 싶은 마음에 참가하였지만, 어느덧 영민에게 '잘하고 싶다.'는 마음이 싹트기 시작했다. 그런 점에서 멋지게 성장해 나가는 찬호의 모습은 부럽지 않을 수 없었다.

그때 명성 초등학교의 재중이 조용히 입을 열었다.

"그런 인류의 숙원을 이루기 위해 어느 정도의 자금이 들어갔는지 아십니까?"

"물론 국가적인 프로젝트인 만큼 많은 돈이 들어갔겠죠. 하지만 인류의 진보를 위해 그 정도의 투자는……."

"미국은 달에 발자국 하나를 찍기 위해 그 당시 약 254억 달러, 현재 가치로 환산하면 약 3천억 달러를 지출했습니다. 물론 그 발자국이 인류에게 정말로 거대한 진보일지 몰라도, 그 비용은 우리 돈으로 약 300조 원에 달하는 어마어마한 금액입니다."

'300조?'

영민은 크게 놀랐다. 달 탐사에 돈이 많이 들어갔다는 것은 알고 있었지만, 300조 원은 상상을 뛰어넘는 액수였다. 영민은 사실 그게 얼마나 큰 금액인지 짐작도 되지 않았다.

"2020년 우리나라의 1년 예산이 약 512조 원이므로 300조이면 우리나라가 반년 이상 살림을 꾸릴 수 있는 큰돈입니다. 또한 우리나라 전 국민에게 600만 원씩 나누어 줄 수 있는 돈이기도 하지요. 국민들은 당장 600만 원을 받는 것이 좋을까요? 아니면 600만 원을 우주에 뿌리는 것이 좋을까요?"

"너무 극단적인 발언입니다. 우주 개발은 돈을 그냥 허공에 뿌리는 일이 아닙니다. 우주에 가고 싶다는 인류의 소망을 이룰 뿐만 아니라 여러 가지 첨단 산업을 탄생시키는 기회가 되기도 합니다. 예를 들어 달 착륙선에서 사용된 컴퓨터 설계 기술은 초기 집적 회로 연구를 이끌어서 현재의 컴퓨터 시대를 연 숨은 공로자였습니다. 또 달에서 보내오는 영상을 선명하게 재생하기 위해 개발한 디지털 신호 처리 기술은 오늘날 필수적인 의학 장비가 된 CT와 MRI에서 없어서는 안 될 부분이 되었습니다. 또한 인류가 우주선을 우주에 쏘아 올리지 않았다면 인공위성도 없었을 것이고, 그러면 위성 텔레비전이나 위성 통신을 통해 전 세계가 연결되는 것도 불가능했을 겁니다."

안나의 지적은 적절했다. 우주 개발은 단지 수십조 원을 허공에 날리는 것이 아니었다. 우주 개발을 연구하는 과정에서 동시에 현대 과학 기술이 발달해 우리 삶이 더욱 편해졌다. 그것이 이번 영민 팀 주장의 핵심 근거였다.

"위성 사진이 없으면 일기예보의 정확도가 낮아질 것이고, GPS _{인공위성을 통해 자신의 위치를 정확히 알아내는 장치}가 없으면 자동차 내비게이션도 있을 수 없습니다. 우주 개발은 단지 달에 착륙하는 것에서 끝나는 것이 아니라 이전에는 상상도 못 한 여러 기술 개발을 통해 새로운 첨단 산업을 일으켰습니다. 그래서 인류 문명을 더욱 발전시킨 것이고요. 당장 눈에 보이는 성과가 없다고 해서 우주 개발이 쓸모없다고 하는 것은 근시안적인 생각입니다."

영민도 한마디 거들었다.

"이뿐이 아닙니다. 미국은 우주 개발을 통해 세계 최고의 과학 기술을 가졌다는 자부심과 함께 국가 이미지를 높여서 유형, 무형의 가치를 창출했습니다. 실제로 미국은 우주 탐사를 위해 개발된 수많은 첨단 기술

을 산업에 적용함으로써 많은 분야에서 현재까지도 기술 우위를 유지하고 있습니다. 따라서 우주 개발은 단지 인류의 꿈을 위해서만이 아닌 국가 발전을 위해서 필요합니다."

우주 개발에 돈이 많이 드는 단점이 있다는 것은 영민 팀도 알고 있는 이야기다. 하지만 그런데도 세계 여러 나라가 우주 개발의 중요성을 강조하고 실행해 나가는 데는 분명 이유가 있을 것이라고 생각했다. 그래서 찾은 것이 바로 '우주 개발이 현실 생활에 도움이 된다.'는 근거들이었다.

이 부분에서는 영민 팀도 어느 정도 자신이 있었다.

하지만 세나는 아무래도 쉽게 인정할 생각이 없는 모양이었다.

"물론 우주 개발이 기술 발전에 도움이 된 것은 사실입니다. 그리고 그러한 기술들 덕분에 우리의 삶이 훨씬 편리해진 것도 인정하겠습니다. 하지만 과연 그런 기술이 인류의 삶을 더욱 행복하게 만들었을지는 생각해 봐야 할 것 같습니다. 만약 우주 개발 비용을 인류의 행복에 투자했다면 어땠을까요?"

'인류의 행복에 투자한다?' 영민은 선뜻 감이 오지 않았다.

"인류의 행복에 투자한다는 게 무슨 말입니까? 기술이 발전하면 인류가 행복해지는 거 아닌가요?"

"예를 들어 세계의 식량난을 해소하기 위해 그 돈을 투자하는 것입니다. 유엔 식량 농업 기구가 발표한 보고서에 따르면 세계 인구의 10분의 1에 이르는 8억 1천만 명이 심각한 영양실조 상태에 놓여 있다고 합니다. 그런데 월드비전 등의 비정부 국제 조직NGO에 따르면 500원 정도에 이런 사람들의 한 끼 식사를 마련할 수 있다고 합니다. 150조 원이면 이런 기아 인구 10억 명을 100일 동안 먹일 수 있는 돈입니다. 과연 우주 개발이 더 중요할까요? 아니면 영양실조로 고통받는 사람들을 먹이는 게 더 중요할까요?"

'큰일이다. 너무 그럴듯하잖아.'

영민은 세나의 논리에 어느새 설득당하고 있었다. 자신이 이럴 정도니 사회자는 당연히 더할 것이다. 아무리 우주 개발이 중요하다고 해도 굶

주리는 사람을 구하는 것보다 중요할 수는 없다. 영민은 이번 토론도 결코 쉽지 않을 것임을 직감했다.

꿈이냐 현실이냐?

"우리나라만 해도 그렇습니다. 2021년 10월 누리호 1차 발사 때 우리나라가 예산으로 책정했던 비용이 약 1조 9,572억 원이라고 합니다. 그런데 2011년 사회적으로 큰 논란이 되었으며, 아직까지도 그 논란이 지속되고 있는 무상 급식 문제의 경우 반대하는 사람들의 가장 큰 이유는 '돈이 없다'는 것이었는데요. 2021년 서울시의 무상 급식 예산은 총 약 7,271억 원이었습니다. 나로호 한 개를 우주에 날려 보내는 비용의 절반도 되지 않습니다."

세나는 말을 마치고 자리에 앉았다. 세나가 무상 급식 이야기를 하니 더 설득력 있게 들렸다. 아무래도 정면 승부는 어렵겠다고 생각한 찬호는 살짝 피해 가기로 했다.

"물론 복지도 중요하지만, 그렇다고 기술 개발을 무시하면 우리나라는 나라들 간의 경쟁에서 뒤처지고 더 큰 문제에 직면할 것입니다. 예를 들어 아시아에서 우리의 경쟁 국가들이라고 할 수 있는 중국과 일본은 우리보다 우주 관련 기술에서 훨씬 앞서 있습니다. 우리가 겨우 2011년에 러시아의 도움을 받아 위성을 쏘아 올린 정도인 반면, 중국은 2003년에

이미 세계에서 세 번째로 유인 우주선을 보낸 후 귀환시켰습니다. 2013년엔 달 탐사를 위한 우주선을 쏘아 올려 로봇을 착륙시키기도 했죠. 우리나라보다 10~20년 이상 앞서 있는 것입니다. 일본도 마찬가지입니다. 일본은 2차 세계 대전 이후 맺은 평화 조약에 의해 군사용 로켓 개발을 할 수가 없어 우주선 개발에도 제한을 받습니다. 하지만 그러한 제약 조건을 딛고, 자체적으로 통신 위성, 행성 탐사 위성 등을 개발하였습니다. 게다가 이러한 기술력을 바탕으로 돈을 받고 다른 나라의 위성을 발사해 주는 RSC라는 회사까지 설립한 상황입니다. 이런 성과가 가능했던 이유는 일본과 중국이 우주 개발을 위해 투자하고 있는 예산이 2020년 기준으로 우리 돈으로 10조 원 정도나 많기 때문입니다. 반면에 우리나라는 같은 해 우주 관련 예산이 중국의 10분의 1에도 못 미치는 수준이지요. 물론 무려 45조 원을 지출하는 미국과는 비교할 수도 없고요. 이렇게 계속 우주 개발에 투자하는 비용이 차이가 나다 보면 언젠가는 따라잡을 수 없을 정도로 뒤처지게 될 것입니다. 마치 공부를 게을리하다가 시험을 망친 아이처럼 후회하게 되겠죠."

찬호의 비유는 적절했다. 하지만 세나 팀의 강호는 이미 예상했다는 듯 당황하는 기색도 없이 바로 말을 받았다.

"미국, 중국은 세계에서 경제력이 가장 큰 1, 2위에 해당하는 나라입니다. 당연히 돈이 많기 때문에 우주 개발을 할 여력도 있지요. 하지만 우리나라는 세계 경제력 순위 10위에 해당하는 나라입니다. 1, 2위와 비교할 바가 못 됩니다. 방금 전 우리나라의 우주 관련 예산이 일본과 중국

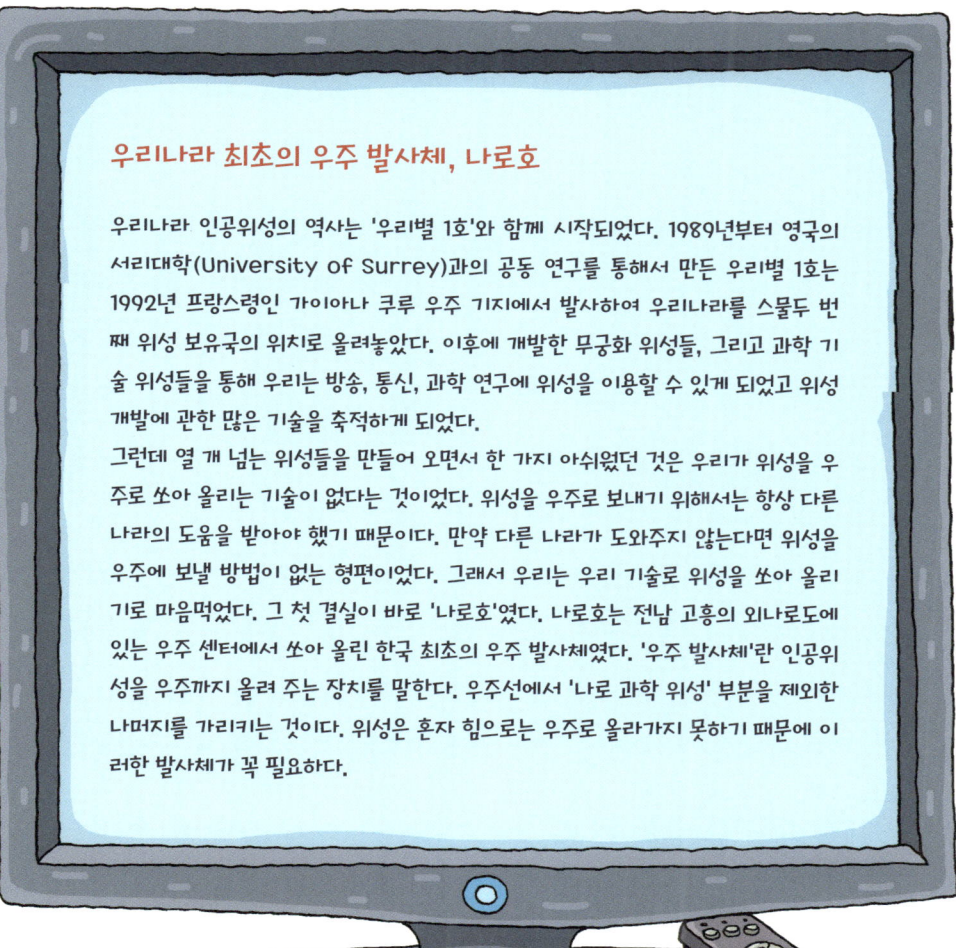

우리나라 최초의 우주 발사체, 나로호

우리나라 인공위성의 역사는 '우리별 1호'와 함께 시작되었다. 1989년부터 영국의 서리대학(University of Surrey)과의 공동 연구를 통해서 만든 우리별 1호는 1992년 프랑스령인 가이아나 쿠루 우주 기지에서 발사하여 우리나라를 스물두 번째 위성 보유국의 위치로 올려놓았다. 이후에 개발한 무궁화 위성들, 그리고 과학 기술 위성들을 통해 우리는 방송, 통신, 과학 연구에 위성을 이용할 수 있게 되었고 위성 개발에 관한 많은 기술을 축적하게 되었다.

그런데 열 개 넘는 위성들을 만들어 오면서 한 가지 아쉬웠던 것은 우리가 위성을 우주로 쏘아 올리는 기술이 없다는 것이었다. 위성을 우주로 보내기 위해서는 항상 다른 나라의 도움을 받아야 했기 때문이다. 만약 다른 나라가 도와주지 않는다면 위성을 우주에 보낼 방법이 없는 형편이었다. 그래서 우리는 우리 기술로 위성을 쏘아 올리기로 마음먹었다. 그 첫 결실이 바로 '나로호'였다. 나로호는 전남 고흥의 외나로도에 있는 우주 센터에서 쏘아 올린 한국 최초의 우주 발사체였다. '우주 발사체'란 인공위성을 우주까지 올려 주는 장치를 말한다. 우주선에서 '나로 과학 위성' 부분을 제외한 나머지를 가리키는 것이다. 위성은 혼자 힘으로는 우주로 올라가지 못하기 때문에 이러한 발사체가 꼭 필요하다.

의 10분의 1이라고 하셨습니다만, 실제 국내 총생산GDP 대비 비율은 중국이 0.04 퍼센트로 우리나라의 0.02 퍼센트에 비해 두세 배 밖에는 되지 않습니다. 애초에 돈이 많은 나라들인 만큼 조금 더 지출해도 다른 곳에 쓸 자금이 모자라지 않는 점도 있고요. 하지만 우리가 일본, 중국과 같은 수준의 기술을 이룩하기 위해선 지금보다 열 배의 돈을 더 써야 하는데, 그러면 앞서 말씀드렸던 사람을 더 행복하게 하는 일에 쓸 돈이 모자랄 수 있습니다. 뱁새가 황새를 쫓아가다가 다리가 찢어지는 격이 되는 것이죠. 전 세계의 모든 나라가 각자 자신만의 우주 개발 기술을 가질 필요가 있을까요? 그럴 필요는 없습니다. 작은 나라는 작은 나라가 잘할 수 있는 것에 집중하고, 필요한 기술이 있다면 다른 나라의 것을 쓰는 것도 좋다고 생각합니다."

두 팀의 토론을 지켜보던 사회자가 입을 열었다.

"제가 지금까지의 토론을 정리해 보면 한빛 초등학교는 우주 개발은 인류의 숙원이며, 다른 나라도 노력하고 있는 만큼 우리도 뒤처져서는 안 된다는 입장입니다. 명성 초등학교는 우주 개발은 큰 나라에게 맡기고 우리는 우리에게 맞는 더 시급한 일에 집중해야 한다는 주장 같군요. 맞나요?"

두 팀의 팀장인 안나와 재중이 고개를 끄덕였다. 확실히 서로의 주장을 뚜렷하게 펼치고 있지만, 영민이 느끼기에 명성 초등학교 쪽이 더 설득력이 있어 보이는 것이 문제였다.

"그렇다면 한빛 초등학교에서 우주 개발이 우리에게 시급한 일이라는 점을 더 이야기해 줄 수 있다면 도움이 될 것 같은데 혹시 준비가 됐습니까?"

이 부분은 영민이 준비한 내용이었다. 영민은 심호흡을 크게 했다.

우주 개발, 꼭 해야 하는 것일까?

"1998년에 개봉하여 큰 인기를 끌었던 '아마겟돈'이라는 영화가 있습니다. 소행성이 지구로 접근해 지구가 큰 위기에 처하는 영화인데요, 실제로 소행성 중에 일부는 그럴 위험성이 있다고 합니다. 또한 2013년 12월 15일 러시아 우랄산맥 인근 지역에서는 운석우가 내려 어린이 2백여 명을 포함해 모두 천여 명이 다치는 사태가 있었습니다. 이것처럼 우주로부터의 재난은 더 이상 공상 과학의 소재가 아닌 현실이 되어 가고 있습니다. 이러한 사태를 미리 예측하기 위해 한국 천문 연구원에서는 지구 근처의 우주 물체를 감시할 수 있는 '우주 물체 전자 광학 감시 체계'를

2016년까지 구축할 예정이라고 합니다. 그러나 문제는 이 체계가 소행성 정도는 감지할 수 있지만 유성우처럼 작은 물체는 감지할 수 없다는 겁니다. 그 이유는 역시 예산의 부족으로 인해 고성능의 장비를 갖추지 못했기 때문입니다. 이런 식으로 계속 떨어지는 장비를 갖추고, 중요한 부분은 외국에 의지하게 되면 어느새 나라의 운명 자체를 외국에 맡기는 꼴이 될 것입니다."

찬호도 옆에서 거들었다.

"우주 개발은 이렇게 자연재해를 막을 수 있을 뿐만 아니라 직접적으로 경제에 도움을 주기도 합니다. 미국의 달 착륙 계획인 '아폴로 계획'의 경우, 당시 미국 항공 우주국NASA의 최대 고용자 수는 40만 명에 달했고 2만 개의 회사와 대학이 이 계획에 참여했다고 합니다. 그만큼의 고용 효과가 있었던 것이죠. 또한 우주 개발 경쟁에서 확고한 우위를 점함으로써 얻어지는 애국심, 자신감은 돈으로 환산 불가한 가치일 것입니다. 이러한 부분도 고려해 주셨으면 합니다."

"과연 그러한 고용 효과와 가치를 실질적인 것으로 인정할 수 있을까요?"

명성 초등학교의 재중이 도전적인 눈빛을 보내왔다. 호락호락 넘어가지는 않겠다는 투였다.

"고용 효과가 있었다고 하지만 결국 그 사람들을 고용하는 데 들어간 돈은 국민의 세금입니다. 딱히 외국에서 외화를 벌어 오거나 한 것이 아니라는 말입니다. 그런데, 그러한 어마어마한 인력과 세금을 투자해서 얻은 성과는 달에 한 번 갔다가 돌아온 것밖에 없지요. 만약 그 돈과 시간을 다른 곳에 썼더라면 어땠을까요? 물론 그 당시 미국이 소련을 이김으로써 얻은 자긍심은 상당한 것인지도 모릅니다. 하지만 이제는 우주 개발을 한다고 해서 대단한 자부심을 가질 시대도 아니고, 더욱 시급한 다른 문제가 많이 있다고 생각합니다."

"짧게 보면 그렇습니다. 하지만 미래를 생각한다면 우주 개발은 반드시 이루어져야만 합니다."

안나도 가만히 있지 않았다. 재중의 발언이 끝나자마자 반대 카드를 들고 나왔다.

"현재 지구의 인구 증가는 심각한 수준입니다. 서기 1년 약 2억 명이던 인구는 1800년대에 11억 명에 도달하였습니다. 이후 1800년대 말의 산업 혁명과 의학의 발달로 인해 1960년에는 30억 명에 이르렀으며, 그 이후에는 10년마다 10억씩 증가하여 2020년에는 78억 명에 달했다고 합니다. 그리고 이러한 추세라면 2050년 세계의 인구는 90억 명에 이를 것이라는 전망이 있습니다. 그러나 지구에는 무한히 많은 사람이 살 수는 없습니다. 땅의 면적에도 한계가 있고, 석유나 금속 자원 등 여러 자원도 언제 고갈될지 모르는 상황이니까요. 무엇보다도 인간의 생존에 필수적인 수자원 역시 부족해서 현재 이미 세계 인구의 40퍼센트가 만성적인 수자원 부족에 시달리고 있다고 합니다. 이러한 사실들을 종합했을 때 지구의 최대 수용 가능한 인구수는 90억~100억 명이 한계라고 알려져 있습니다. 그 이상은 공간의 문제나 자원의 문제로 인해 감당할 수 없다는 것이지요. 이 문제를 해결할 수 있는 것은 새로운 지구를 발견하여, 그곳으로 이주하는 것 외에는 없습니다. 이러한 점을 고려해 본다면 우주 개발은 단순히 인류의 모험심을 충족시키기 위한 여흥이 아니라 생존이 달린 문제가 됩니다. 물론 현재의 지구는 아직 괜찮은 상황이지만, 과연 미래에도 그럴 수 있을까요? 우리는 이 부분을 생각해 봐야 합니다."

영민은 안나의 발언을 듣자 문득 얼마 전에 본 영화가 떠올랐다. 〈인터스텔라〉라는 영화였는데, 그 영화의 배경은 가까운 미래로, 지구가 환경 오염 등으로 인해 불모의 땅이 되고 인류가 살아가기 힘든 행성이 되자, 몇몇 용기 있는 사람들이 새로운 지구를 찾아 우주로 나간다는 내용이었다. 그 영화에서도 물론 많은 사람이 과연 이게 가능한 것인지에 대한 의심의 눈길을 보내왔지만, 우주 개발은 선택할 수 있는 문제가 아니었다. 인류의 생존을 위한 유일한 길이었다.

"만약 우주에 대한 연구가 결실을 맺어 지구와 비교적 가까운 별에서 지구와 비슷한 행성을 찾아낸다고 해도 과연 인류가 그곳에 갈 수 있을까요?"

또다시 재중의 반격이 이어졌다. 이 부분까지도 예상을 하고 준비를 한 모양이었다.

"지구와 가까운 별에서 찾는다면 가능하지 않을까요?"

"현재까지 알려진 지구에서 가장 가까운 별은 '켄타우로스 알파별'로 4.28광년 떨어져 있습니다. 그런데 1광년은 태양에서 지구까지 거리의 약 6만 배이므로 가장 가까운 별까지 가는 데는 태양까지 가는 거리의 약

24만 배를 가야 한다는 결론이 나옵니다. 참고로 현재의 우주선으로 태양까지 가는 데는 빨리 가더라도 1년 정도가 걸립니다. 그러면 가장 가까운 별까지는 24만 년이 걸리겠네요."

'뭐라고?'

영민은 이 말이 입 밖으로 튀어나오려는 것을 간신히 막았다. 가장 가까운 별까지도 24만 년이라니……. 이건 불가능한 것이 아닌가?

"물론 과학이 발달하면 더 빠른 우주선이 나오겠죠. 하지만 현재의 과학 이론상 이 세상에 빛보다 빠른 물체는 존재할 수 없습니다. 그런데 4.28광년이란 빛의 속도로 4.28년을 가야 한다는 뜻입니다. 물론 빛의 속도로 달리는 우주선을 개발할 수도 없겠지만, 만에 하나 개발한다고 해

도 4년이 넘는 긴 시간 동안 우리가 과연 우주선 안에 갇혀서 생활할 수 있을지 의문입니다. 지구를 벗어나 다른 행성으로 간다는 것은 낭만적인 것 같지만 실제로는 거의 실현 불가능하다고 생각합니다."

낭패다. 영민은 할 말을 잃었다. 안나도 입술을 깨물고 있었다. 광년, 빛의 속도 이런 단어들은 영민에게는 너무 어려웠다. 역시 과학 토론에서는 토론 실력뿐만 아니라 과학적인 지식도 중요하다는 것을 다시 한번 실감했다. 물론 실제로는 뭔가 대항할 논리가 있겠지만, 영민 팀은 거기까지는 준비하지 못했다. 반론은커녕 이해하는 것조차 힘에 부치는 상황이었다.

"성공 가능성이 희박한 일에 천문학적인 돈을 쏟아부어 허황된 꿈을

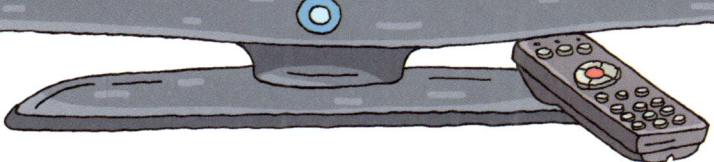

지구와 가장 닮은 제 2의 지구

최근 미국의 우주 연구 기관 NASA에서 지구와 매우 닮은 행성을 찾아냈다고 한다. 그 이름은 바로 '케플러-452b'.

어떤 물건을 찾기 위해선 그 물건이 있을 만한 곳을 찾아봐야 한다. 외계 생명체를 찾는 최선의 방법은 생명체가 살 수 있을 만한 곳을 찾아보는 것이다. 그리고 생명체가 사는 데 가장 중요한 조건은 바로 '온도'다.

현재까지의 과학 이론에 따르면 생명체가 살기 위해서는 물이 액체로 존재해야 한다. 지구의 어떤 생명도 물을 마시지 못하면 죽어버리니까 말이다. 그런데 물이 얼음이 되지 않으려면 행성의 온도가 0도 이하가 되면 안 된다. 반대로 물이 모두 수증기가 되지 않으려면 행성의 온도가 100도 이상이 되면 안 될 것이다. 이번에 발견한 '케플러-452b'는 행성의 온도가 지구와 매우 유사한 행성으로 물이 액체 상태로 존재할 수 있는 행성이다. 또한 근처에서 행성에 열을 공급해 주는 행성의 온도도 태양과 매우 비슷해서, 여러모로 지구와 비슷한 환경이라고 한다.

그럼 이 행성에는 언제쯤 갈 수 있을까? 안타깝게도 이 행성까지의 거리는 1,600광년이라고 한다. 빛의 속도로 가도 1,600년이 걸린다는 것이다. 현재 과학 기술로 만들 수 있는 가장 빠른 우주선도 빛의 속도에는 한참 못 미치기 때문에 아직은 갈 수 없다. 하지만 미래에 빛의 속도를 초월한 우주선이 만들어진다면 외계 친구들을 만나는 것도 꿈은 아닐 것이다.

꾸는 것보다는 차라리 그 돈을 환경 보호나 신재생 에너지 개발에 투자하여, 지구를 보다 살기 좋은 곳으로 만들고, 에너지나 자원 고갈 이후를 대비하는 것이 훨씬 현명한 일이라고 생각합니다."

재중이 말을 마치고 자리에 앉았다. 지난 온난화 토론 때 영민 팀이 우세했던 것에 대한 복수라도 한 듯했다. 당연히 우주 개발에 찬성하는 쪽이 유리할 줄 알았지만, 결과는 오히려 그 반대였다. 우주 개발의 경제적 측면만 아니라 다른 부분에 대해서도 신경을 썼어야 했다.

"한빛 초등학교 팀 더 할 말이 없나요?"

오늘은 사회자로부터 어제와 같이 두 팀 모두 수고했다는 격려는 받지 못했다. 마지막 토론 전까지는 결과를 명확하게 말하지 않는 것이 토론 대회의 룰이지만, 왠지 영민은 결과를 알 것 같은 기분이 들었다. 이번 토론은 분명 한빛 초등학교의 패배였다.

함께 정리해 보기
우주 개발의 필요성에 대한 쟁점

우주 개발은 필요하다	논쟁이 되는 문제	우주 개발은 필요 없다
우주 개발은 수천 년 전부터 인류의 숙원이었다. 또한 곧 포화 상태에 이를 지구의 문제를 해결하려면 새로운 지구를 발견하는 등의 우주 개발이 필요하다.	우주 개발이 인류에게 필요한가?	우주 개발은 돈이 너무 많이 든다. 달에 발자국 하나 찍기 위해서 우리나라의 반년 예산을 들이는 것은 너무 효율이 떨어진다. 게다가 당장 우주 개발을 해서 어떠한 성과가 나올지도 미지수이다.
우주 개발은 새로운 과학 기술을 개발하는 데도 밑거름이 된다. 또한 미국과 일본 그리고 중국까지 우주 개발을 하는 마당에 우리만 뒤처진다면 결국 우리나라의 경쟁력이 뒤처지는 결과가 벌어질 것이다.	우주 개발이 우리나라에 필요한가?	현재 우주 개발에 열을 올리고 있는 나라는 세계 경쟁력 순위 5위 안에 드는 나라로, 우리나라는 그만한 역량이 되지 않는다. 그보다는 복지 문제나 환경 보호 문제에 돈을 들이는 것이 낫다.

4장

디지털 기술, 인간을 소외시키지는 않는가?

'현대 사회는 디지털 사회'라는 말이 어색하지 않을 만큼 디지털 기술이 생활 곳곳에 영향을 주고 있어. 텔레비전, 스마트폰, 컴퓨터 등이 디지털 기술로 발전했고, 이러한 전자 제품을 통해 사람들은 온라인상에서 물건을 구매하고 화상 통화를 할 수 있게 되었지. 무엇보다도 놀라운 건 언제 어디서나 지구 반대편에 있는 사람과도 이야기를 나눌 수 있게 된 것이야. 스마트폰의 메신저나 개인 홈페이지를 통해서 말이야. 디지털 매체를 통한 만남은 언제 어느 때나 가능하고, 비용이 적게 든다는 면에서 편리하긴 하지만, 여러 가지 부작용도 있어. 아무래도 얼굴을 보고 이야기하는 것이 아닌 만큼 의도를 제대로 전달하지 못해 오해가 생길 수 있고, 인터넷상의 홈페이지는 아무나 방문할 수 있어서 사생활 침해의 문제가 생길 수 있지. 또한 진짜 모습은 감추고 멋지고 행복한 모습만 보여 주려고 하는 경향도 생겨서 실제 모습을 알 수 없기도 해. 이러한 상황에서 과연 디지털 사회의 SNS가 인간관계에 도움을 준다고 이야기할 수 있을까? 함께 알아보도록 하자.

SNS 찬성 팀

명성 초등학교

누군가는 공중전화 앞에서 연락을 기다리던 때가 낭만적이었다고 하지만, 실제로 그 상황으로 돌아가면 너무 불편해서 다시 핸드폰을 찾게 될 걸? 또, 편지나 직접 만나는 것은 아무래도 시간도 오래 걸리고 비용도 많이 드는데, 간편한 인터넷 메시지나 SNS에 안부를 남길 수 있다는 것은 여러 가지로 좋은 점이 많아. 게다가 현대 사회는 글로벌 사회잖아? 예전에는 가족이나 친구가 해외로 나가면 그대로 연락이 끊어지는 경우가 많았어. 통화를 하고 싶어도 국제 전화는 비용이 무척 비싸서 어려움이 많았지. 하지만 이제는 인터넷을 통해 무료로 바로 옆에 있는 것처럼 글을 주고받고, 전화도 훨씬 싸게 할 수 있어. SNS 덕분에 멀리 떨어진 친구까지 인연이 끊기지 않게 된 거야.

SNS 반대 팀

안나　　영민　　찬호

한빛 초등학교

SNS는 어디까지나 가상 세계야. 가상 세계가 아무리 현실을 잘 반영한다고 해도, 가상인 이상 조작이 가능하다는 점에서 위험성을 내포하고 있지. 우리는 SNS에 올라와 있는 사진 몇 장과 그 사람이 남긴 자기소개를 통해서 그를 파악하지만, 그것이 진짜라는 보장은 어디에도 없어. 실제로 존재하지 않는 사람을 존재한다고 믿은 사례도 있고 말이야. 또한 SNS가 편리하긴 하지만, 편리함 때문에 오히려 사람들의 진정한 인간관계를 방해하고 있어. 사람들이 SNS를 많이 사용한다고 해서 그것이 옳다는 증거가 될 수는 없어. SNS는 지양해야만 해.

난 진짜 '세나'와 만나는 걸까?

 네 번째 토론을 앞둔 밤. 영민은 컴퓨터 앞에 앉아 토론 준비를 하고 있었다. 그런데 왠지 집중이 잘 되지 않아서 세나의 페이스북에 들어가 보았다.

 영민은 세나가 이사 간 후에도 페이스북을 통해서 몇 번 연락을 주고받았었다. 하지만 세나의 사진첩에 새로운 친구들과 찍은 사진이 올라오고, 새로운 친구들과 대화를 나누며, 새 학교에서도 밝게 잘 지내는 모습을 보니 괜스레 질투가 났다. 또 세나가 낯설게 느껴졌다. 그렇게 점점 세나와의 연락이 뜸해졌고, 영민은 자연스럽게 세나와 멀어진 것이다. 하지만 영민은 이따금씩 세나의 페이스북에 들어가 보았다. 아마 세나는 영민이 그런 줄 몰랐을 것이다.

 그리고 보니 참 신기했다. 영민은 세나가 남긴 글과 사진을 통해서 세

나가 요새 어떻게 지내는지 알지만, 세나는 그런 영민을 모른다. 즉, 영민은 세나를 페이스북을 통해 만나고 있지만, 세나는 영민을 만나고 있지 않은 것이다.

신기한 점은 또 있었다. 영민은 세나가 보고 싶을 때 언제든 페이스북을 통해 세나를 볼 수 있다. 그런데 이렇게 만나는 세나를 진짜 '세나'라고 할 수 있을까? 세나의 생각이 담긴 글과 세나의 웃는 얼굴이 담긴 사진을 본다고 해서 '세나'와 만났다고 할 수 있을까?

순간 영민은 심각하게 고민하는 자기 모습에 살짝 웃음이 났다. 예전엔 가볍게 지나갈 생각들도 요즘엔 곰곰이 고민하곤 했다. 토론을 하면서 깊이 고민하는 습관이 생긴 덕분이었다. 영민은 마치 자신이 철학자가 된 것 같은 우쭐한 기분이 들었다.

물론 아직 영민의 토론 실력은 부족했다. 특히 명성 초등학교의 팀장인 재중과 비교해 봤을 때는 마치 어른과 아이 같았다.

"흥, 그까짓 모범생 녀석."

입으로는 그렇게 말하면서도 영민은 사실 재중을 의식하고 있었다. 혹시 세나가 재중을 좋아하는 것은 아닌지 하는 걱정 때문이었다. 자신과는 다르게 어른스럽고 능력 있어 보이는 아이, 원래 여자들은 그런 남자를 좋아한다고 어디선가 들은 것 같았다.

"이럴 시간이 없어. 빨리 토론을 준비해야지!"

영민은 다시 정신을 차리고 페이스북 창을 닫았다. 이런 딴생각을 할 시간에 토론을 더 열심히 준비해서 세나에게 내일 멋진 모습을 보여 주는 것이 중요하다. 그런데 막상 페이스북 창을 닫고 보니 생각났다. 내일 토론의 주제가 바로 디지털 미디어가 우리 삶에 미치는 영향에 대한 것이었다.

디지털이 전 세계를 하나로 연결하고 있다

"디지털 기술의 발달로 이제는 내가 어디에 있든 상관없이 전 세계 누구와도 소통을 할 수 있게 되었습니다. 불과 20년 전만 해도 이사 간 친구에게 소식을 한 번 들으려면 몇 주 동안 기다려서 편지를 받거나, 시간을 잘 맞춰서 전화를 하는 수밖에 없었습니다. 게다가 그렇게 하더라도 얻을 수 있는 정보의 양은 매우 적어서 종이 몇 장 정도에 적혀 있는 글씨나 사진 한 두 장이 전부였죠. 그러나 지금은 다릅니다. 지금은 지구 반대편에 떨어져 있다고 해도 오늘 무엇을 먹었는지 무엇을 했는지, 어떻게 사는지를 불과 1초 만에 확인할 수 있습니다. 이것은 모두 디지털 과학 기술의 발달 덕분입니다."

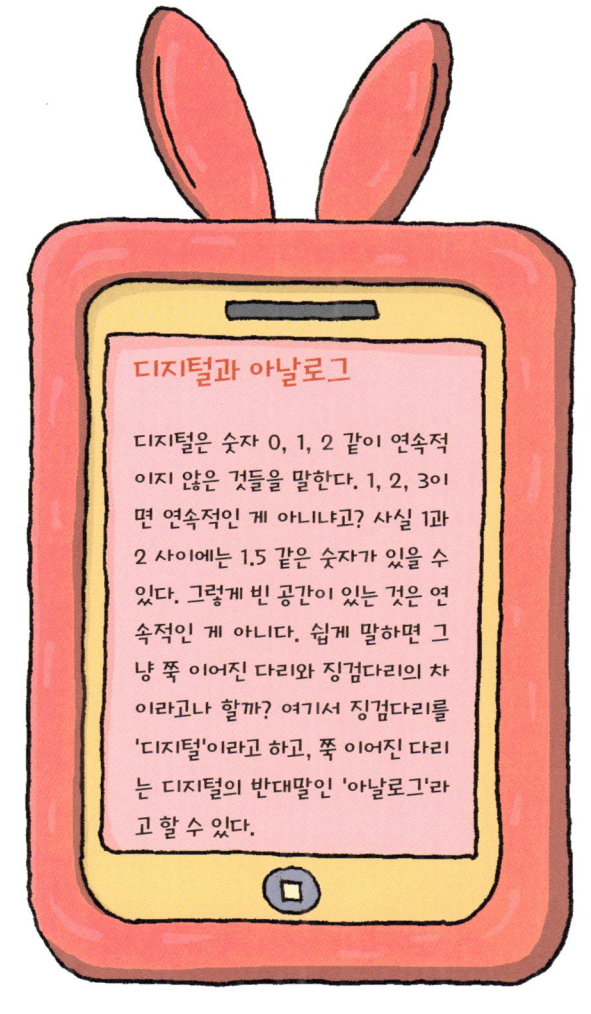

디지털과 아날로그

디지털은 숫자 0, 1, 2 같이 연속적이지 않은 것들을 말한다. 1, 2, 3이면 연속적인 게 아니냐고? 사실 1과 2 사이에는 1.5 같은 숫자가 있을 수 있다. 그렇게 빈 공간이 있는 것은 연속적인 게 아니다. 쉽게 말하면 그냥 쭉 이어진 다리와 징검다리의 차이라고나 할까? 여기서 징검다리를 '디지털'이라고 하고, 쭉 이어진 다리는 디지털의 반대말인 '아날로그'라고 할 수 있다.

여느 때처럼 재중의 발표로 토론이 시작되었다. 지난번에는 찬호가 잘 해 줬지만 결과적으로 참패를 당한 탓에 이번에는 첫 발언에 힘을 빼지 않고 대신 전체적으로 빈틈없이 준비를 해 오기로 했다.

"디지털 과학 기술의 발달로 각각의 컴퓨터가 가상 공간에서 서로 연결되고, 사람들은 컴퓨터 혹은 스마트폰, 태블릿 PC 등을 통해 언제 어디서나 가상 공간에 들어갈 수 있게 되었습니다. 즉 디지털 미디어를 통해 사람들 사이에서 커뮤니케이션이 활발히 이루어진 것입니다. 이러한 것을 소셜 네트워크 서비스Social Network Service라고 합니다. 약자인 SNS라고 주로 이야기하지요. SNS는 인스타그램, 페이스북과 트위터 등을 주된 예로 들 수 있습니다."

그러면서 재중은 준비해 온 그림판을 꺼내 들었다. 그림판에는 인터넷

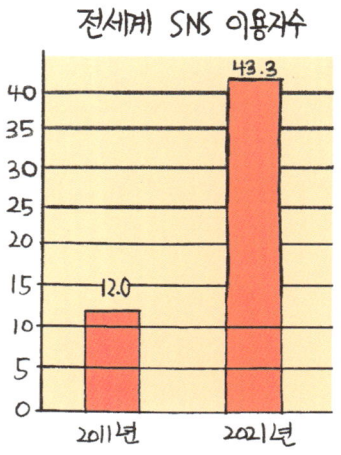

과 스마트폰을 통해 이용할 수 있는 서비스들이 무엇인지 나와 있었다. 또한 SNS의 이용자 수가 꾸준히 증가하고 있음을 보여 주는 그래프가 그려져 있었다.

"우리는 집에서 혹은 달리는 전철 안에서 컴퓨터나 스마트폰으로 손쉽게 바로바로 친구들의 소식을 확인할 수 있습니다. 이러한 편리성과 유용성 덕분에 SNS의 사용자 수는 전 세계적으로 폭발적으로 늘어나고 있는 추세입니다. 2011년 12억, 2013년 16억 6천만 명을 거쳐, 2021년에는 43억 명을 넘었습니다. 이렇게 전 세계 사람들이 SNS를 사용하는 덕분에 우리는 여행에서 만난 외국인이나 홈스테이로 만난 외국 친구와 계속 연락을 주고받을 수 있고, 심지어 전혀 모르던 외국인과도 SNS상에서 만나 친구가 될 수 있습니다. 즉, SNS는 지구촌을 하나로 연결하고 있는 것이죠. 물론, 모든 일에는 밝은 면과 어두운 면이 있듯이 SNS도 완벽하다고 할 수는 없습니다. 그러나 SNS가 시대의 흐름이며 미래에도 더 증가할 것이라는 점은 명백합니다. 따라서 저희 명성 초등학교는 SNS의 긍정적인 면을 더 보아야 한다고 생각합니다."

SNS가 인간을 고독하게 만든다?

재중이 발표를 마치자 안나가 손을 들었다.
"SNS는 지구촌을 하나로 연결하고 있습니다. 하지만 그러한 만남이 실제 사람 대 사람이 아니라, 화면 대 화면으로 이루어진다는 것이 매우 우려스럽습니다. 인간이 인간을 만나지 않아도 되는 세상, 인간이 디지털 화면을 통해 보여지는 텍스트나 사진으로만 인식되는 세상은 인간 소외 현상을 불러일으킬 가능성이 높다고 생각합니다."

그때 사회자가 안나에게 질문을 던졌다.

"인간 소외라고 표현하였는데, 알기 쉽게 설명해 주겠습니까?"

"네, 인간 소외 현상이란 인간의 물질적, 정신적 활동으로 만들어진 것에 의하여 도리어 인간이 지배당하거나 인간의 본질이 사라지는 과정을 말합니다. 예를 들어 자본주의라는 개념은 인간의 편리한 물물 교환을 위하여 만들어졌지만, 자본주의 사회가 발달하며 인간성마저 상품 가치에 따라 평가를 받는 부작용을 낳았습니다. 결혼 상대를 사랑이 아닌 돈이 얼마나 많은지, 집안이 얼마나 좋은지 따지며 고르는 것이 구체적인 예라고 하겠지요. 마찬가지로 인간의 편리를 위해 만든 디지털 기술이 인간을 인간다운 삶을 살 수 없도록 한다면, 그 역시 하나의 인간 소외 현상을 일으킬 것입니다."

영민은 갑자기 안나가 더욱 어른스럽게 느껴졌다. 평소에도 말을 잘한다고는 생각했지만, 이렇게 어려운 단어를 쓰고 척척 설명하니 더 그렇게 느껴졌다.

이처럼 신문이나 어려운 책에서만 나오는 단어도 자연스럽게 말할 수 있게 되었다는 것은 토론을 계속하면서 얻은 수확 중 하나였다.

하지만 세나 팀의 재중에게는 별로 어려운 단어도 아닌 모양이었다.

"인간 소외는 말씀하신 대로 인간이 만든 상품과 개념에 의해서 인간의 본질이 사라지는 경우에 쓰는 말입니다. 하지만 SNS가 발달하면서 서로 소식을 더 자주 주고받을 수 있게 되었고, 그러면서 외국에 있는 사람과도 친하게 지낼 수 있습니다. 이런 것으로 봐서는 오히려 인간성을 회복하는 것이 아닌가요? 만남이 비록 화면상으로 이루어지는 것이지만 바쁜 현대 사회에서 연락을 주고받을 수 있다는 것만으로도 가치가 있다고 생각하는데요."

괜히 말을 꺼냈다가 본전도 못 찾을 판이다. 안나는 즉시 대응했다.

"하지만 그런 SNS 문화가 사람들 사이에 직접적인 만남을 의미 없게 느끼게 하고, 그러면서 인간관계에 악영향을 주고 있다는 의견도 있습니다. MIT의 셰리 터클 교수는 15년 동안 조사하고 연구하여 출간한 《외로워지는 사람들 Alone Together》이란 책에서 소셜 네트워크 서비스 SNS가 오히려 인간을 더 고독하게 만든다고 주장합니다. SNS에서 이루어지는 소통은 지극히 단발적이고 즉흥적이기 때문에 진정으로 사람을 사귀고 있다는 느낌을 받을 수 없다는 것이 그 이유입니다. 겉으로 보기엔 외부와의 커뮤니케이션이 빈번히 이루어지고 있지만 내면에서는 혼자라는 단절감을 느끼고 있다는 것입니다. 즉, SNS가 소외된 사람을 만들고 있다고 생각합니다."

"글쎄요, 어느 정도는 SNS의 영향도 있을 수 있겠습니다만, 그러한 문제의 근본적인 원인은 사회 구조에 있다고 생각합니다. 또한 말씀하신 것과는 달리 SNS가 인간관계에 도움을 준다는 연구들도 있습니다. 그 부분은 저희 팀의 강호가 준비했습니다."

재중이 자리에 앉으면서 강호에게 바통을 넘겼다. 강호는 자연스럽게 일어나서 발표를 시작했다. 역할 분담이 체계적으로 잘되어 있다는 것이 느껴졌다.

"2013년 미국의 여론 조사 기관인 퓨리서치센터는 '페이스북 같은 SNS 이용자들이 온라인뿐 아니라 실생활에서도 사교적이다.'라는 연구 결과를 발표했습니다. 즉, 디지털 세상에서 오랜 시간을 보낸다고 해서 그것이 실생활의 인간관계에 악영향을 끼친다고 말할 수는 없다는 것이죠. 이 조사에 따르면 SNS는 인간관계를 보다 편리하고 원활하게 해 주는 하나의 수단으로 잘 기능하고 있습니다. 또한 미국의 사회학자인 자이넵 터페키 역시, 이젠 온라인 세상과 '진짜' 세상을 구분하는 것 자체가 불가능한 상황이 됐으므로, 온라인에서의 소통이 가짜 소통이라고 할 수 없는 만큼 SNS가 인간을 고독하게 만든다는 것은 억지라고 주장했습니다. 터페키 박사에 따르면 온라인에서의 소통을 '가짜'라고 치부하는 것은 편견이며, 예전 편지가 그랬던 것처럼 사람의 마음을 전달하기에 부족함이 없다고 합니다."

강호가 숨을 한 번 고르고 이어 말했다.

"마지막으로 미국의 IT 전문 매체인 기가옴에서는 최근 들어 각종 위치 기반 서비스들 덕분에 온라인 커뮤니케이션이 그대로 실제 만남으로 연결되는 경우도 적지 않다면서 '온라인 연결이 실제 만남을 촉발하는 경향이 있다.'고 말했습니다. 이처럼 SNS에 대한 긍정의 목소리도 적지 않은 상황에서 SNS가 인간 소외 현상을 일으킨다고 함부로 판단하는 것은 옳지 않습니다. 오히려 SNS가 집에만 있던 사람들도 다른 사람들과 소통할 수 있는 도구로서 인간 소외를 줄이는 데 역할을 하고 있다고 보는 것이 더 적절하다고 생각합니다."

역시 명성 초등학교는 만만치 않았다. 어쩜 그렇게 자료도 풍부하고 말을 잘하는지 영민 팀이 한마디를 할 때 열 마디를 하는 듯한 착각이 들었다. 하지만 이번엔 영민 팀도 지난번의 실패를 거울삼아 준비를 단단히 했다. 찬호가 일어나면서 반론을 폈다.

"앞에서 예로 나온 온라인에서의 만남이 그대로 즉흥적인 실제 만남이 되는 경우나, 페이스북과 같은 온라인상에서 이루어진 만남은 대부분 일회성으로 끝나는 경우가 많습니다. SNS로 인해 언제, 어디서나, 소통이 가능해졌고, 온라인 인맥이 확장된 것은 사실입니다. 하지만 정작 주고받는 내용은 어디를 갔고, 뭘 먹었고 하는 자기 일상 이야기가 대부분입니다. SNS가 인간관계를 쌓는 데 도움이 될지 모르지만, 깊은 관계를 쌓는 데는 방해가 된다는 이야기입니다."

그러면서 찬호는 사진 한 장을 꺼내었다. 사진에는 비 오는 날 연인으로 보이는 사람들이 서로 지나가는데 중앙에 한 남자가 홀로 덩그러니 서 있는 모습이 찍혀 있었다.

"이렇게 현대인들이 많은 사람에 둘러싸여 있음에도 불구하고 외로움을 느끼는 현상을 '군중 속의 고독'이라고 표현합니다. 이러한 외로움은 단지 위 사진처럼 홀로 있을 때만 느끼는 것이 아니라 여러 사람과 소통

하고 있을 때도 느끼게 되는데, 그 이유는 언급한 것처럼 사람들 사이에 오고가는 대화가 서로를 진정으로 이해하는 것이 아닌 의례적이고 가벼운 내용만을 담고 있기 때문입니다. 그리고 깊은 대화를 나눌 수 없는 SNS의 특성상 이러한 현상을 더욱 심화시킬 수밖에 없습니다."

과연 찬호의 말에도 일리가 있었다. SNS는 일대일로 이루어지는 만남이 아니라 여러 명에게 공개되는 경우가 대부분이기 때문에 깊은 대화는 나눌 수 없다. 게다가 얼굴을 직접 보고 소통하는 것이 아닌 만큼 그러한 현상은 더욱 심화된다.

하지만 강호는 만만치 않았다.

"저는 그 부분 역시 SNS의 문제가 아닌 현대 사회의 문제라고 생각합니다. 예전 농경 사회 때는 어떤 마을에 태어나면 죽을 때까지 한곳에서 농사를 지으며 평생 사는 경우가 대부분이었습니다. 하지만 현대는 어떻습니까? 부모님의 직장에 따라 이사를 하기도 하고 고등학교에서 대학에 진학할 때도 이사를 가기도 하고, 본인이 나중에 가정을 꾸릴 때도 그렇습니다. 또한 도시화가 진행되면서 좁은 공간에 많은 사람이 모여 살기 때문에 예전과는 비교도 할 수 없을 정도로 많은 사람을 만나야 합니다. 즉, 애초에 사회 구조적으로 얕은 인간관계를 쌓을 수밖에 없다는 이야기입니다. 깊은 인간관계를 맺지 못하는 것이 디지털 발달의 탓은 아니라는 얘기죠."

인간 소외의 문제가 SNS의 발달과 시기적으로는 비슷하지만, 그렇다고 SNS의 발달에만 원인이 있는 것은 아니라는 설명이었다. 까마귀 날자 배가 떨어졌다고 해서 까마귀가 배를 떨어뜨렸다고 할 수는 없는 것과 같았다.

"오히려 SNS는 이러한 관계를 획기적으로 바꿔 놓았습니다. 잠깐의 시간만으로도 다양한 사람들의 소식을 들을 수 있게 되었고, 좋은 정보를 얻고 공유할 수 있게 되었기 때문입니다. 예전에는 인사만 하던 직장 동료와 좀 더 사적인 부분까지 공유할 수 있게 되면서 사람들 사이의 거리를 더욱 좁혀 놨다는 겁니다. SNS는 이렇게 현대인의 인간관계를 효율적으로 형성하고, 확대시켜 주는 좋은 매개체라고 생각합니다. 그래서 현재 SNS가 널리 퍼지게 된 것 아닐까요?"

강호의 주장은 사실이었다. SNS에 그런 장점이 있는 것은 분명했고, 강호가 말한 대로 그런 장점 덕분에 많은 사람의 선택을 받은 것이다. 그러나 오히려 그렇기 때문에 발생하는 문제점도 있었다.

"말씀하신 대로 요새 대부분의 사람이 사용하는 '카카오톡', '라인' 같은 인스턴트 메신저들은 즉각적인 연락이 가능하고, 언제 어디서나 소통할 수 있다는 점에서 빠르게 전파되었지만, 그와 함께 새로운 문제점도 발생했습니다. 예를 들면 스마트폰의 인스턴트 메신저를 이용해서, 회사에서 근무가 끝난 시간에도 업무를 지시하는 상사가 늘었다고 합니다. 그러다 보니 주말은 물론 평일 밤, 심지어 휴가 기간에도 일에서 벗어나지 못해, 가족과의 사이도 나빠지고, 온전한 휴식을 취하지 못해 건강에도 문제가 발생한다고 합니다. 이는 사회 구조가 만든 문제가 아닌 디지털 그 자체가 만들고 확산시킨 문제입니다."

훌륭한 반격이었다. 찬호는 여기서 멈추지 않았다.

"디지털 기술과 과학 기술의 집결체인 스마트폰은 양날의 검과 같습니다. 스마트폰이 편리한 것은 사실이지만, 그로 인해 발생하는 심각한 문제들이 있지요. 최근 국민의 독서량*을 조사한 자료를 보면 48퍼센트의 성인이 일 년 동안 책 한 권도 읽지 않는다고 합니다. 그리고 그 원인은 스마트폰 사용의 증가라고 하고요. 알다시피 요새는 지하철에서도 모두

스마트폰만 바라보고 있습니다. 책을 읽는 사람은 찾아볼 수가 없습니다. 친구를 만나도 각자 스마트폰을 들여다보고 있는 경우가 많습니다. 이런 점들을 보면 현대인들의 인간성이 점점 상실되고 각자의 세계에 갇혀 버리는 경향이 나타나고 있다고 할 수 있습니다."

이쯤에서 정리할 필요성이 있다고 생각했는지 사회자가 말을 꺼냈다.

● (문화체육관광부, 2019년)

"지금까지 나온 이야기를 종합하면 한빛 초등학교는 디지털은 사람들이 깊은 인간관계를 맺지 못하게 하고 인간 소외 현상을 심화시킨다고 생각하지만, 명성 초등학교는 그것은 디지털 발달의 문제가 아니고 현대 사회의 문제이며 오히려 기술이 현대 사회의 인간관계를 더 밀접하게 하는 데 도움을 준다는 것 같군요. 맞습니까?"

두 팀은 고개를 끄덕였다. 초반에는 확실히 디지털의 문제가 비단 기술 자체의 잘못이라기보다는 사회 구조에서 파생된 것이라는 명성 초등학교의 주장이 일리 있게 들렸다. 그러나 찬호가 언급한 문제는 분명히 스마트폰이나 SNS 등 디지털 자체가 가지고 있는 것이었다. 영민은 여기에 쐐기를 박아야겠다고 생각했다.

가상 세계에서의 삶도 삶인가?

"지난 2013년 1월 미국을 떠들썩하게 한 일이 일어났습니다. 그것은 바로 미국의 프로 풋볼 리그 선수인 맨타이 테오의 가짜 여자 친구 사건입니다."

영민은 시선이 자신에게 쏠리는 것이 느껴졌다. 가짜 여자 친구 사건이라고 하면 거의 십 년 전 미국에서 일어난 일이라 모르는 사람이 많을 것이다.

영민은 어젯밤 늦게까지 효과적인 토론 자료를 찾으려고 노력한 자신이 대견스러웠다.

"맨타이 테오는 2012년 9월 11일 엄청난 비극을 겪었습니다. 같은 날에 할머니와 여자 친구를 동시에 잃었기 때문입니다. 할머니는 노환이셨고, 여자 친구인 리네이 케쿠아는 긴 세월 동안 앓았던 백혈병이 원인이었습니다. 엄청난 슬픔 속에서도 테오는 빠짐없이 경기에 나가 활약을 펼쳤습니다. 성실하게 경기에 임하라는 것이, 죽은 여자 친구의 유언이었기 때문입니다. 이 일이 알려지자 수많은 미국인은 테오에게 감동하였습니다. 그리고 테오는 일약 스타가 되었죠. 그런데 2013년 1월, 미국의 한 스포츠 전문 기자에게 이메일 한 통이 도착했습니다. 이메일의 내용은 죽은 테오의 여자 친구로 알려진 '리네이 케쿠아'라는 여성이 사실은 실제 인물이 아니라는 것이었습니다. 즉, 실제 인물이 아니므로 죽은 적도 없다는 것이죠. 취재에 나선 기자는 맨타이 테오의 여자 친구가 사실은 '투이아소소포'라는 남자라는 기가 막힌 사실을 발견합니다."

영민은 토론에 참여한 아이들뿐만 아니라 사회자까지 자신에게 집중하는 게 느껴지자 긴장하지 않을 수 없었다. 그러나 이것은 기분 좋은 긴장감이었다. 모두 영화에서나 나올 법한 이 이야기의 결말이 궁금한 것이다. 영민은 주인공이 된 것만 같았다.

"결국 밝혀진 진실은 이렇습니다. 테오의 팬이었던 투이아소소포는 테오를 너무 좋아한 나머지 여성으로 가장하여 테오에게 접근했던 겁니다. 리네이 케쿠아라는 가공의 인물을 페이스북상에 만들고 사촌 여동생의 사진을 올려서 여자인 척한 것이죠. 그리고 테오는 그 가상의 인물에게

반해서 여자 친구로 생각했던 겁니다. 그런데 케쿠아가 백혈병으로 죽었다는 소식을 들은 지 3개월 후인 2012년 12월, 테오는 케쿠아가 죽지도 않았고, 실존 인물도 아니라는 사실을 다른 사람의 제보를 통해서 알게 되었습니다. 하지만 이미 언론에 자신의 이야기가 알려진 탓에 계속 거짓말을 할 수밖에 없었습니다. 그리고 앞서 말씀드린 스포츠 전문 기자가 기사를 쓰기 전까지 대중은 그 거짓말을 믿었던 것이죠. 한마디로 거짓말이 거짓말을 낳고, 그것이 사회적인 이슈까지 되어 버린 사건이었습니다."

영민은 말을 잠깐 끊은 후 사람들의 표정을 둘러보았다. 모두 큰 충격을 받은 얼굴이었다.

"이 사건의 교훈은 명백합니다. 가상의 세계에서 우리는 진짜와 가짜를 구분하기 쉽지 않습니다. 이 사건은 해프닝 정도로 끝났지만, 만약 누군가 정말 악의를 가지고 접근한다면 어떠한 범죄가 일어날지 알 수 없습니다. 누군가가 헤어진 연인이나, 잃어버린 가족을 가장하여 접근한다면 요즘 사회적인 문제가 되고 있는 '보이스 피싱'처럼 큰 범죄가 일어날 수도 있을 것입니다. 그렇기 때문에 사람들이 디지털 세상에서 점점 많은 시간을 보내게 되는 현재의 추세는 문제가 있다고 하지 않을 수 없습니다."

그렇다. 디지털은 분명 유용한 도구일지도 모르지만, 동시에 생각지도 못한 결과를 가져올 수도 있다. 그리고 그 원인은 디지털의 세상은 현실 세계와는 근본적으로 다르다는 데 있다. 조작 가능한 디지털 환경에서 인간은 감정까지 조작당할 수 있다.

영민이 발표를 마치자, 이제껏 조용히 있던 세나가 입을 열었다.

"말씀하신 대로 SNS는 아직 완전한 매체가 아닙니다. 이미 알려져 있는 사생활 침해 문제나, 지적하신 가상의 인물을 만들어 낼 수 있는 가능성 등이 있습니다. 그리고 이런 문제는 분명히 우리 삶에 악영향을 미칠 수도 있습니다. 그러나 지난 토론에서도 이야기된 적 있듯이 세상에 완벽한 것이 얼마나 있겠습니까? 자동차는 사고의 위험이 있고, 가스레인지는 폭발의 위험이 있습니다. 또한 여러 가지 약들은 잘못 먹었을 경우 독이 되기도 합니다. 그러나 그런데도 그런 것들을 아직 사용하는 이유는 그러한 단점을 상쇄할 만한 장점이 있기 때문입니다."

이때 사회자가 영민과 세나의 말을 정리했다.

"영민 학생은 SNS와 기술의 발달 덕분에 열리게 된 가상 세계가 우리 인간에게 혼란을 줄 수 있다고 생각하고, 세나 학생은 반대로 도움이 될 수도 있다고 생각하네요. 다른 학생들은 어떻게 생각하나요?"

"그 문제에 대한 답은 이미 나와 있다고 생각합니다."

안나가 단호한 어조로 말했다. 워낙 자신감이 넘쳐서 누구나 설득될 것 같은 말투였다.

"현재 우리나라는 가상 세계에 빠져 있는 사람들로 인해 큰 문제를 겪고 있습니다. 가장 대표적인 것이 바로 게임입니다. 한창나이에 밖에 나가 운동을 한다거나 공부를 해야 할 청소년들이 게임이라는 가상 세계에서 시간을 허비하고 있습니다. 심한 경우에는 게임과 현실 세계를 구분하지 못하고 하루 종일 게임만 한다거나, 폭력, 사기 등 범죄로까지 이어지고 있습니다. 이 때문에 정부에서는 게임을 마약, 도박, 알코올과 함께 4대 악으로 지정하자는 주장이 나올 정도입니다. 이것은 가상 세계의 폐해를 명확히 보여 주는 사건이라 생각합니다. 가상 세계의 발달은 얻는 것보다는 잃는 것이 많을 것입니다."

구체적인 사례와 함께 이야기하니 안나의 단호한 주장이 더 그럴듯하게 느껴졌다. 영민은 명성 초등학교 팀이 반격하기 힘들 것이라고 생각했다.

"우리가 물건을 사는 인터넷 사이트도 가상 세계입니다."

재중이 조용히 한마디를 던졌다. 상상도 못 했던 부분이었다. 다들 머릿속으로 게임 같은 것만 떠올리고 있던 터라 가상 세계의 범위를 좁게 생각했던 것이다. 그러나 생각해 보니 온라인 쇼핑몰이나 사람들이 정보를 얻는 포털 사이트 등도 엄연한 가상 세계였다.

"만약 앞서 말한 가상 세계가 없다면 지금처럼 인터넷에서 물건을 보고 구매를 하는 행위도 불가능할 것입니다. 직접 현실 세계에서 여러 가게를 돌아다니면서 구매를 할 수밖에 없지요. 그러나 이러한 일은 많은 시간과 노력이 필요합니다. 필요한 물건을 가만히 집에 앉아서 편안히 주문할 수 있게 된 것은 모두 기술의 발달로 가상 세계가 구축되었기 때문입니다."

맞는 말이었다. 특히 최근 이러한 편리함 때문에 온라인 구매가 점점 늘어서 곧 현실 세계에서의 구매가 더 줄어들 것이라는 기사를 영민 팀

도 읽은 적이 있었다. 이것은 가상 세계가 사람들을 편리하게 만들고 있는 부분이라는 점을 인정하지 않을 수 없었다.

"또한 게임도 요새는 너무 오락적 요소만 강조하는 것의 문제점을 깨닫고 새로운 방향으로 나아가고 있습니다. 대표적인 예가 바로 '교육용 게임'입니다. 최근 한 회사에서 만든 영어 학습 소프트웨어인 '토크리쉬 Talklish'는 자신이 게임 캐릭터가 되어 마치 뉴욕에서 실제 어학연수를 하는 것과 같은 느낌을 받도록 만들어졌습니다. 그냥 동영상을 보는 것이 아니라 직접 거리를 움직이면서 사람들을 만나 영어로 이야기하는 것이죠."

그러면서 재중은 준비한 판넬을 들어 올렸다. 판넬에는 앞서 말한 소프트웨어의 한 장면이 인쇄되어 있었다. 그리고 그것은 정말 뉴욕의 거리라고 해도 깜박 속을 만했다. 물론 컴퓨터 그래픽이라는 것을 모를 정도는 아니었지만, 뉴욕에 있다는 느낌이 들게 하기는 충분했다. 진정한 '가상 세계'라고 할 만했다.

이어지는 재중의 설명에 의하면 사용자는 뉴욕의 거리를 걸어 다니는 한 캐릭터가 되어 여러 가지 상황을 맞닥뜨린다. 그리고 캐릭터들이 각 상황에 맞는 질문을 사용자에게 던지는데 그에 대한 대답을 마이크에 대고 말하면 소프트웨어가 인식을 해서 정답인지, 아닌지를 판단하고, 틀렸을 경우에는 수정도 해 준다고 한다. 그야말로 뉴욕에서의 삶을 그대로 경험할 수 있을 것 같았다.

"이런 교육 프로그램을 만들 수 있었던 것은 먼저 게임을 위한 그래픽 기술이 발달했기 때문이고, 음성 인식 기술의 발달로 인해 사용자가 말하는 것을 매우 정확히 컴퓨터가 분별할 수 있기 때문입니다. 그렇기 때문에 이 소프트웨어를 이용하면 단지 읽고 문제만 푸는 영어 교육을 넘어서 실제로 외국 사람과 말하고 듣는 교육을 재미있게 실현할 수 있습니다. 물론 어학연수를 가도 같은 경험을 할 수 있지만, 그 비용과 시간을 생각한다면 어느 쪽이 나을까요? 이것이 바로 가상 세계의 발달이 우리 인류에게 도움을 주고 있는 부분입니다."

영민은 수긍하지 않을 수 없었다. 매번 언론에서 게임이나 SNS의 폐해를 주로 들었던 탓에 가상 세계의 안 좋은 점만 생각하는 경우가 많았는데, 그 이면에는 분명히 도움이 되는 부분도 있었던 것이다. 세나가 말했듯이 디지털 역시 다른 많은 도구처럼 쓰기에 따라서 좋은 점도, 나쁜 점도 있다는 생각이 들었다.

  양 팀의 발표가 모두 끝났다. 영민은 이번에도 자신의 팀이 우세하다고 말하기는 어려울 것 같았다. 그렇다면 앞으로 남은 두 번의 토론에서 모두 이겨야 한다. 그렇지 않으면 예선 통과도 못 하게 되는 것이다.

함께 정리해 보기
SNS와 인간관계에 대한 쟁점

SNS는 인간관계를 방해한다	논쟁이 되는 문제	SNS는 인간관계에 도움을 준다
SNS는 직접 대면하던 인간관계를 디지털 화면을 통한 인간관계로 바꿈으로, 진정한 만남을 가질 기회를 박탈하고 자기만의 세계에 갇히게 한다.	SNS가 인간 소외 현상을 일으키는가?	SNS는 예전에는 거리가 멀어서 쉽게 만날 수 없던 사람도 이어 주고, 사정이 있어 집에만 있는 사람도 외부와 소통할 수 있는 수단이 되어 준다. 현대 인류가 고독해지는 것은 사회 구조적인 문제로 SNS의 잘못이 아니다.
가상 세계는 조작이 가능하기 때문에 사람을 속일 수 있으며 진짜가 아닌 무가치한 것, 예를 들어 게임이나 아바타 꾸미기 등에 인간의 에너지를 소비하게 만든다.	가상 세계가 인간의 삶에 악영향을 끼치는가?	가상 세계에서 공부를 하거나, 온라인 쇼핑을 한다거나 하는 방식으로 가상 세계가 현실의 삶에 도움을 주는 사례도 많이 있다.

5장

뇌의 비밀을 밝히는
뇌 과학,
옳은 것인가?

기술의 발전과 인류 과학 지식의 축적으로 우리는 영원히 미지의 세계일 것이라고 여겼던 사람의 뇌까지 탐구할 수 있게 되었어. 뇌에서 보내는 여러 가지 신호를 해석해서 두뇌 작용까지 조절할 수 있는 가능성이 보이기 시작했지.

이러한 기술의 발전은 인류를 새로운 종으로 진화시킬 수도 있는 놀라운 사건이기도 하지만, 한편으로는 판도라의 상자를 열어 버린 것 같은 불안함이 느껴지기도 해. 우리가 뇌의 어떤 작용을 해석한다고 해서 복잡한 정신세계를 완전히 이해할 수 있을까? 만약 미래에 과학 기술이 발전하여 그것이 가능해진다고 해도 그것이 과연 좋은 일일까? 한 걸음 더 나아가 우리가 두뇌를 인위적으로 발전시키거나 신체를 조작할 수 있다면 분명 더 향상된 인간을 만들 수는 있겠지만, 그게 과연 옳은 일일까? 분명히 생각해 볼 문제야.

뇌 과학 찬성 팀

명성 초등학교

인간이 동물과 다른 점은 뇌가 발달했다는 거야. 그리고 뇌 과학은 그러한 인류의 뇌를 이해하고 더 발전시킬 수 있는 가능성을 보여 주고 있지. 물론 사람의 뇌를 조작한다는 것에 거부감이 드는 것은 이해해. 하지만 그것은 단순한 감정적인 문제일 뿐이야. 옛날에는 인간의 병을 신이 내린 벌이라고 생각해서, 약을 통해 병을 고치는 것에 거부감을 가졌던 때도 있었어. 하지만 지금은 병에 걸리면 당연히 약을 먹는 것으로 생각하잖아? 마찬가지로 뇌에 문제가 있거나 부족한 점이 있으면 더 낫게 바꾸는 것이 당연한 거야. 그것을 위해 뇌 과학은 필수 불가결한 것이지.

뇌 과학 반대 팀

안나   영민   찬호

한빛 초등학교

뇌 과학은 인간의 복잡한 정신 작용을 단지 화학 물질의 교환이나 전기적 신호 정도로 해석할 수 있다고 생각하는 데 문제가 있어. 실제로 그것을 통해 알 수 있는 정보는 극히 일부에 지나지 않는데도, 그것만으로 전체를 대표할 수 있다고 보는 것이지. 만약 기술이 발전해서 뇌 과학이 인간의 생각을 정말 해석해 낼 수 있고, 어떤 사람이 내 생각을 다 들여다본다면 어떨까? 생각만 해도 끔찍하겠지? 게다가 다른 건 몰라도 생각만큼은 자유로운 것으로 남아 있어야 해. 그것마저 다른 사람에게 관찰당한다면 인간의 자유는 없어질지도 몰라. 뇌 과학으로 그 사람의 기능까지 조절할 수 있다는 것은 사람을 '만들 수 있는 존재'로 간주한다는 점에서 큰 문제가 될 수 있어. 과학 기술로 할 수 있다고 모두 해도 되는 것은 아니라고!

잠수복과 나비

 토론 전날 밤, 영민은 방에서 선생님이 이번 토론에 꼭 필요한 책이라며 추천한 《잠수복과 나비》라는 책을 읽고 있었다. 《잠수복과 나비》는 자신의 이야기를 담담히 써 내려간 회고록이었는데, 읽어 보니 이 책을 쓴 작가는 결코 평범한 사람이 아니었다.

 책의 저자인 장 도미니크 보비는 프랑스의 유명 여성 잡지 〈엘르〉의 편집장이자, 유능한 저널리스트였다. 훌륭한 직장과 행복한 가정을 꾸리며 남부럽지 않은 생활을 하던 그는 43세 되던 해, 평소처럼 일을 마치고 귀가하던 중 갑자기 쓰러지고 말았다. 뇌의 혈액 순환에 이상이 생기는 뇌졸중이 왔던 것이다.

 3주나 지나서야 혼수상태에서 깨어난 보비는 대뇌의 인지 능력은 여전히 남아 있었지만, 뇌세포가 손상되어 신경 신호가 말초 신경 세포에까지 전달되지 않는 '로크드 인 신드롬'에 걸리고 말았다. 뇌와 신체를 잇는 신경망이 망가져 말을 할 수도 먹을 수도, 혼자 힘으로 숨을 쉴 수도 없었던 것이다. 자신의 의지로 움직일 수 있는 곳은 오직 왼쪽 눈꺼풀 한 곳뿐이었다.

그러나 보비는 인생을 포기하지 않고 왼쪽 눈꺼풀 하나만으로 다시 시작했다. 친구들의 조언을 받아들여 책을 쓰기로 결심했던 것이다. 왼쪽 눈꺼풀 외에는 몸의 어느 부분도 전혀 움직일 수 없던 보비에게 책을 쓴다는 것은 불가능한 일이었다.

놀랍게도 보비는 왼쪽 눈꺼풀을 깜박거리는 횟수로 알파벳을 표시하기

로 했다. 한 문장을 쓰는 데도 눈을 수십 번 이상 깜박거려야 했다. 종일 해도 반쪽 정도의 원고밖에는 쓸 수 없었다. 하지만 그는 포기하지 않았고 1년 3개월 동안 20만 번 이상 눈을 깜박거려서 130쪽짜리 책을 썼다. 그 책이 바로 《잠수복과 나비》이다.

자신의 몸은 꽉 끼는 잠수복 안에 갇혔지만, 마음만은 나비처럼 자유롭게 훨훨 날아다닌다고 한 보비는 책을 완성하고 3주 후에 영원한 자유의 세계로 떠났다.

영민은 책을 덮고 생각에 빠졌다. 보비는 뇌만 살아 있고 몸의 나머지 부분은 죽은 것이나 다름없었다. 그러나 그렇다고 해서 인간성이 상실되기는커녕 오히려 보통 사람은 상상도 할 수 없는 장애를 극복함으로써 인간의 숭고함을 증명했다.

그와 반대로 몸의 다른 기능이 건강하더라도 뇌가 죽은 '뇌사자'의 경우에 우리는 보통 죽은 사람이라고 생각한다. 물론 기적이 일어난다면 살아날 수도 있겠지만 대부분은 확률이 너무 희박하여 안락사를 이야기하는 경우가 많다.

이러한 사례들을 보면 '뇌가 곧 사람이 아닌가?' 하는 생각이 든다. 뇌에서 '도파민'이란 호르몬이 분비되면 우리의 기분이 좋아진다고 한다. 반대로, '코르티솔'이라는 호르몬은 스트레스가 심할 때 분비되어 우리를 무기력하게 만든다고 한다. 또한 소화를 하거나 호흡을 조절하는 것, 근육을 긴장하거나 이완하는 것 모두 뇌의 명령에 따라 행해진다. 또한 고차원적인 사고가 아닌 동물적인 본능조차도 뇌의 일부인 뇌간에 있다고 하니 인간의 정신은 모두 '뇌'에 담겨 있는 것과 같다. 어떻게 보면 인간은 뇌의 조종을 받는 로봇에 불과한 것이다. 그렇다면 조종자인 뇌를 분석하면 인간의 정신세계를 알 수 있지 않을까?

의학과 생물학의 발달로 인간의 신체적인 부분은 거의 탐구가 되었

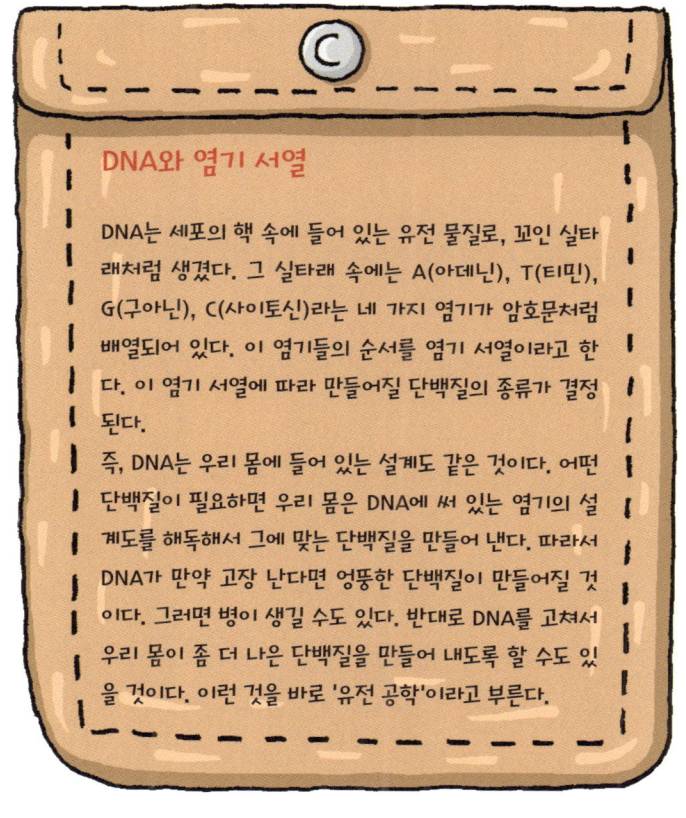

DNA와 염기 서열

DNA는 세포의 핵 속에 들어 있는 유전 물질로, 꼬인 실타래처럼 생겼다. 그 실타래 속에는 A(아데닌), T(티민), G(구아닌), C(사이토신)라는 네 가지 염기가 암호문처럼 배열되어 있다. 이 염기들의 순서를 염기 서열이라고 한다. 이 염기 서열에 따라 만들어질 단백질의 종류가 결정된다.

즉, DNA는 우리 몸에 들어 있는 설계도 같은 것이다. 어떤 단백질이 필요하면 우리 몸은 DNA에 써 있는 염기의 설계도를 해독해서 그에 맞는 단백질을 만들어 낸다. 따라서 DNA가 만약 고장 난다면 엉뚱한 단백질이 만들어질 것이다. 그러면 병이 생길 수도 있다. 반대로 DNA를 고쳐서 우리 몸이 좀 더 나은 단백질을 만들어 내도록 할 수도 있을 것이다. 이런 것을 바로 '유전 공학'이라고 부른다.

다. 뼈와 근육의 구조, 장기의 형태 같은 큰 단위에서 DNA와 그 속의 염기서열이라는 분자 단위까지 밝혀진 것이다. 그러나 정신세계는 눈에 보이지 않는 세계로 이제껏 탐구가 어렵다고 알려져 있었다. 그러나 뇌 과학의 발달로 미지의 영역으로만 여겨졌던 뇌의 비밀을 밝힐 준비를 하고 있다.

문제는 바로 그것이다. 과연 인간은 뇌의 비밀을 밝혀도 되는 걸까?

혹, 열어선 안 될 판도라의 상자를 열어 버리는 건 아닐까? 내일의 토론은 바로 그것에 대한 것이었다.

누군가 내 머릿속을 들여다본다?

"자, 오늘의 주제는 '뇌 과학의 발전이 과연 옳은 것인가?'이죠. 이제 토론이 얼마 남지 않은 만큼 신중하게 임해 주시기 바랍니다."

사회자의 '토론이 얼마 남지 않았다.'라는 말이 영민의 가슴에 와 닿았다. 왠지 모를 찡한 느낌이 들었는데 영민 자신도 그 이유를 몰랐다. 세나를 볼 날이 얼마 남지 않았다는 것 때문인지, 승부의 결말이 어떻게 될지에 대한 긴장 때문인지, 혹은 토론이 끝나 간다는 아쉬움 때문인지 모를 일이었다. 어쨌든 후회가 남지 않도록 남은 토론에 최선을 다하고 싶었다.

그런 마음은 세나도 마찬가지였는지, 놀랍게도 첫 발언을 하겠다고 손을 들었다. 그동안 재중에게만 너무 초점이 맞춰진 것이 좋지 않다고 판단한 것일지도 모른다. 팀의 협동도 토론 대회의 중요한 평가 항목이기 때문이다.

"옛날에는 사람의 마음이 심장에 있다고 생각했습니다. 좋아하는 사람을 보면 두근거리고, 위험을 만나면 쿵쾅거리며, 편안할 때는 조용한 상태로 변하기 때문이었어요. 그런데 과학이 발달하면서 사실 심장의 이런

움직임은 호르몬의 영향 때문이며, 이렇게 신체의 여러 기관을 조절하는 호르몬은 뇌에서 주로 만들어 낸다는 것을 알게 되었습니다. 결국 인간의 마음도, 신체도 뇌의 조종을 받고 있었던 것이죠."

그러면서 세나는 준비한 사진을 꺼내 들었다.

"이 사진은 보통 '치매'라고 부르는 알츠하이머 환자의 뇌를 PET, 즉, 양전자 방출 단층 촬영이라는 방법으로 촬영한 사진입니다. 보시면 정상 뇌와 비교했을 때 특정 부위의 활동이 눈에 띄게 저하된 것을 확인할 수 있습니다."

화살표로 가리킨 부분은 색깔이 붉은색이 아닌 파란색으로 변해 있었다. 반면에 정상 뇌는 훌륭한 좌우 대칭 무늬를 띄고 있어 이미지만으로도 건강함이 느껴졌다.

"과거에 치매는 나이가 들면 생기는 일종의 노화 증상으로 여겨졌습니다. 나이가 들면 눈이 침침해지고 체력이 약해지는 것처럼 기억력도 저하된다고 생각한 것이죠. 하지만 오늘날 뇌 과학의 발달로 치매는 뇌 질환이라고 여겨집니다. 노인만이 아닌 젊은 사람 중에서도 치매가 발생하는 것이 그 증거고요. 또한 원인을 파악한 만큼 치매는 더 이상 신의 징벌이 아닌, 치료 가능한 하나의 '질병'으로 그 치료법을 찾고 있습니다."

치매는 영민도 잘 알고 있는 병이었다. 영민의 증조할머니가 치매를 앓다가 돌아가셨기 때문이었다. 얼마 전까지만 해도 그렇게 예뻐해 주시던 할머니가 갑자기 영민을 전혀 몰라 보는 모습에 영민은 큰 충격을 받았다.

영민은 치매는 환자에게 고통스러운 병일 뿐만 아니라 가족 모두의 마음에 상처를 주는 병임을 알았다. 그런데 그러한 치매를 치료할 수 있다니, 놀라운 소식이 아닐 수 없었다.

"뇌 과학 기술의 발전으로 우리는 이전에는 알지 못했던 새로운 사실을 알게 되었고 더 나은 삶을 꿈꿀 수 있게 되었습니다. 이제껏 과학이 늘 그래 왔던 것처럼 새로운 세상에 대한 탐구가 인류의 삶의 질을 높였던 것입니다. 따라서 저희 명성 초등학교는 뇌 과학을 더욱 발전시켜야 한다고 생각합니다."

세나는 발표를 마치고 자리에 앉았다.

이 세상의 마지막 비밀이라 여겨지는 '뇌'와 그것을 밝혀내는 뇌 과학,

이론적으로는 분명 반대할 이유가 없었다. 뇌를 밝혀내면 인간에 대해서 더 많은 것을 알 수 있기 때문이다. 그러나 그 대상이 바로 '인간'이라는 것이 문제였다.

"말씀하셨던 것처럼 뇌 과학의 발전은 눈부실 정도입니다. 인류의 질병을 치료하는 부분뿐만 아니라 법정에서도 그 유용성을 인정받고 있다고 합니다. 그 이유는 바로 뇌의 활동을 찍은 뇌 영상 기록물이 인간의 정신 상태를 나타낼 수 있다고 믿기 때문인데요. 주로 범죄자가 뇌 기능에 장애가 있기 때문에 범죄를 저질렀다는 것을 주장하는 데 사용되고 있습니다. 의도적인 것이 아니라 실수나 장애 때문이라면 아무래도 좀 더 정상 참작이 되니까요."

영민 팀에서는 안나가 먼저 발표를 시작했다. 얼핏 들으면 뇌 과학의 유용성에 힘을 실어 주는 내용이었다. 그러나 진짜는 다음에 있었다.

"하지만 이런 자료는 아직까지는 정식 증거로 채택되지는 않고 있습니다. 그 이유는 인간의 뇌가 워낙 복잡하기 때문에, 뇌 과학에서 분석한 자료들이 과연 신빙성이 있는지가 아직 증명되지 않았기 때문입니다. 또한 뇌 사진이 그 사람의 뇌 기능 장애를 나타낸다고 하여도, 뇌 사진을 촬영하는 장소는 굉장히 통제된 실험실에서 차분하게 이루어지고, 범죄 당시에는 극도로 흥분한 상황이었을 테니, 과연 그 둘이 서로 연관이 있다고 할 수 있는지도 의심스럽습니다. 예를 들어 지난 2005년 10월 미국에서는 피터 브라운스타인이라는 기자가 전 직장 동료였던 여성을 마취제로 기절시킨 후 열세 시간 동안이나 성추행한 사건이 있었습니다. 피터는 붙잡혀서 재판을 받았지요. 증거도 명백하고 범인이 자백까지 한 상황이었으나, 변호사 쪽에서 놀라운 주장을 하였습니다. 브라운스타인은 '망상성 정신 분열증 paranoid schizophrenia'이라는 정신 질환을 앓아 애초부터 고의적으로 범죄를 저지르려던 게 아니라는 것이었죠. 쉽게 말해 정신병자이니 일반인과 비슷한 잣대로 죄를 물을 수는 없다는 것이었습니다. 변호인 측은 그 증거로 아래와 같은 뇌 영상 사진을 제시하였습니다. 화살표로 표시된 부분이 사고와 판단 기능을 하는 전두엽 부분인데, 오른쪽의 일반인 사진에 비해 왼쪽의 브라운스타인은 뇌의 활동이 덜 활발하다는 것을 색깔을 통해 알 수 있습니다. 이를 통해 브라운스타인이 정상인이

아니라는 것을 입증하려 했던 것이죠. 그러나 브라운스타인 사건은 유죄로 판명났습니다. 배심원들은 뇌 영상이 어떤 정신 질환의 근거로 보여지든, 브라운스타인이 범죄를 의도하고 계획할 수 있는 능력까지 완전히 상실했다는 것은 받아들일 수 없었습니다. 한마디로 아직까지는 뇌 과학이 그렇게 설득력이 있는 근거로 사용될 수는 없다는 것입니다. 또한 배심원들은 정신병 상태에서 이루어진 범죄가 열세 시간이나 지속됐다는 것에도 의문을 제기했습니다. 즉, 뇌 과학적인 증거보다는 상식에 따라 판단한 것입니다."

안나의 말은 결국 뇌 과학의 신빙성 자체가 아직은 낮다는 뜻이었다. 실제로 영민 팀이 찾아본 자료에 의하면 뇌 과학의 장밋빛 전망에 비해 뇌 과학이 직접적으로 활용되고 있는 분야는 많지 않았다.

영민은 애초에 뇌 과학이 너무 허황된 주장을 하고 있는 것은 아닌가 생각했다.

"그리고 무엇보다도 과학자들조차도 뇌 과학 영상이 인간의 고차원적인 인지 과정을 완벽히 드러내기에는 역부족이라고 주장한다는 점입니다. 앞서 명성 초등학교에서 말한 것처럼 의학적으로 뇌에 문제가 있는 정도는 밝힐 수 있겠지만, 과연 뇌에서 이루어지는 정신 작용의 의미까지 해석할 수 있을까요? 그건 마치 표정을 보고 무슨 생각을 하는지 읽어 내겠다는 것이나 마찬가지입니다. 그래서 저희는 뇌 과학이 아직 갈 길이 멀고, 그 효과를 너무 과장하는 것은 위험하다고 생각합니다."

안나의 발표가 끝나자 재중이 일어나 반론을 펼쳤다.

"물론 뇌 과학은 연구하기 시작한 지 20여 년밖에 되지 않은 부족한 점이 많은 분야입니다. 당연히 고쳐야 할 점도 많고 한계도 있겠죠. 그래서 연구가 더 필요한 거 아닐까요? 물이 끓지도 않았는데 왜 밥이 되지 않았냐고 투덜거리는 것은 너무 성급한 자세가 아닐까요?"

어투는 공손했지만 예상외로 공격적인 내용이었다. 영민과 찬호는 성질 급한 안나가 혹시 발끈하지는 않을지 조마조마했다. 그러나 안나는 오히려 미소를 보이며 다음 반론을 이어 갔다.

"말씀하신 대로 의학적 부분의 연구는 필요할지도 모릅니다. 그러나 인간의 정신세계를 단편적인 영상을 통해 해석하려는 시도는 여러 가지 문제를 불러올 수 있습니다. 일단 해석 자체가 불가능한 것은 말할 것도 없고요. 만에 하나 해석이 가능하다고 해도 인간의 정신을 그렇게 함부로 들여다본다는 것은 인간의 가장 은밀한 부분인 사생활과 인권을 침해한다는 문제가 있을 수 있습니다. 만약 뇌 속의 생각을 들여다볼 수 있는 기계가 생겨서 누군가 내가 자는 도중 내 머릿속을 들여다본다면 기분이 어떨까요?"

'으악! 생각만 해도 소름 끼친다.'

영민은 상상하는 것만으로도 표정이 일그러졌다. 누군가 세나를 좋아하는 영민의 생각을 읽어 낸다면 영민은 부끄러워 어쩔 줄 모를 것이다. 영민뿐 아니라 모두가 각자의 비밀이 있을 텐데 생각을 읽어 내는 기계가 생기면 그 기계가 두려워 자유롭게 생각조차 못 하는 세상이 될지도 모른다. 그건 정말 끔찍한 세상이었다.

"그뿐만이 아니라 가족 간에도 지켜 줘야 할 사생활이 있는 법인데 자기 마음대로 생각조차 할 수 없다는 것은 분명 큰 문제입니다. 지금도 개인 정보 유출로 인한 피해가 극심한데, 만약 내 머릿속 생각이 인터넷을 통해 전 세계로 공개된다면 정말 괴로울지도 몰라요. 그리고 그런 일이 일어날 수 있다는 가능성만으로도 개인의 상상력은 분명 심각한 제한을 받겠죠. 이러한 세상이 과연 옳을까요?"

영민은 예전에 TV에서 소개했던 책인 《1984》라는 소설이 떠올랐다. 그 소설에서는 '빅브라더'라는 독재자가 도청 장치나 CCTV 같은 감시 장치를 통해 사람들이 어디를 가든 감시할 수 있었다. 그로 인해 사람들은 자유를 잃고 위에서 내리는 명령 대로만 살아간다는 내용이었다. 그러나 그 소설에서조차 머릿속 생각을 들여다본다는 상상은 하지 못했다. 그러나 뇌 과학이 발달한다면 놀랍게도 실제로 그런 세상이 올지도 몰랐다. 정말 공상 과학 영화에서나 나올 법한 암울한 세상이 현실이 되는 것이다. 명성 초등학교 팀에서도 그것은 옳지 않다는 데 동의하는 분위기였다.

"인간의 사생활 침해 문제는 물론 엄격한 장치를 마련해서 제한해야 할 것입니다. 그러나 뇌 과학은 단지 머릿속 생각을 들여다보는 데 목적이 있는 것이 아닙니다. 실제로 그런 세세한 생각들을 들여다보는 것은 이론적으로 가능한지 여부도 아직 알 수 없고요. 만에 하나 현실화가 된다고 해도 먼 미래의 일이 될 것입니다. 굳이 말하자면 인간 복제보다도 멀다고 할 수 있겠죠. 동물 복제는 성공했지만, 동물의 생각을 들여다보는 것은 아직 시도조차 하지 못했으니까요."

일어나지 않을 수도 있는 위험을 과장하지 말라는 뜻이었다. 뇌 과학이 인간의 머릿속 생각을 들여다볼 날이 올지도 모르지만 분명히 먼 미래의 일이었다.

"오히려 뇌 과학은 인간의 심리 상태 및 행동을 좀 더 수월하게 파악할 수 있다는 데 가치가 있습니다. 현재 인간의 심리를 분석하는 학문인 심리학이 있긴 하지만, 오직 관찰자의 진술이나 행동을 통해서만 결과를 알아낼 수 있다는 한계가 있습니다. 그러나 뇌 과학은 실제로 관찰자의 뇌를 분석해서 데이터를 얻을 수 있기 때문에 연구 대상이 사생활 문제로 심리를 속이거나 할 일이 없습니다. 즉, 뇌 과학은 인간을 이해하는 데 큰 도움을 줄 수 있다는 겁니다. 그리고 인간의 신체에 대한 이해가 인간의 신체적인 병을 치료하는 데 도움을 주어 왔듯, 뇌 과학을 통한 인간 정신에 대한 이해는 정신 질환을 치료하는 데 반드시 필요한 선행 조건일 것입니다."

뇌 과학 기술이 슈퍼 인간을 만든다?

재중의 발언에 이어서 강호가 손을 들고 발표했다. 정신 질환에 대한 내용은 강호가 준비한 모양이었다.

"앞에서도 잠깐 말씀드렸듯이 뇌 과학은 여러 가지 뇌 관련 질병을 치료하는 데 사용할 수 있습니다. 그중에서도 특히 ADHD를 치료할 수 있는 주요 수단으로 각광받고 있는데요. ADHD란 '주의력 결핍 과잉 행동 장애'의 약자로 보통 아동들이 지속적으로 주의력이 부족하여 산만하고 과다한 활동과 충동성을 보이는 증상을 말합니다. 이제까지는 약물 치료, 인지 행동 치료, 학습 치료 등이 ADHD의 치료 방법이었지만, 어린 아이에게 약물을 먹인다는 거부감도 있고, 효과도 한계가 있는 등 여러 가지로 부족한 점들이 있었습니다. 그러나 만약 뇌 과학이 이보다 더 발달하면 주의력이 부족한 원인을 알게 되고, 집중력에 관여하는 뇌의 부위를 자극하여 아이가 한 과제에 몰두하는 능력을 키워 줄 수 있을 것으로 생각합니다."

"너 설마 ADHD는 아니지?"

찬호가 영민에게 귓속말로 말했다. 학교 수업 시간에 툭하면 졸거나 딴청을 부리기 일쑤인 영민을 놀리는 것이다. 영민은 "우씨!"하고 화난 표정을 지어 보였지만 마음 한편에선 뜨끔 하는 기분이 드는 것도 사실이었다. 하지만 토론에 이렇게 집중하는 걸 봐서는 ADHD까지는 아닐 것이다. 그냥 공부에 좀 관심이 없는 정도?

"그런데 뇌 과학이 ADHD를 치료할 수 있다는 이야기는 인간의 주의력을 인위적으로 더 향상시킬 수 있다는 것이고, 이것은 우리에게 아주 중요한 시사점을 던져 줍니다. 왜냐하면 누구나 어느 정도의 주의력 부족으로 곤란을 겪고 있기 때문이죠. 즉, 평범한 사람도 원하면 뇌 과학으로 주의력을 높일 수 있는 것입니다. 인간의 지능을 마음대로 조절할 수 있다는 말입니다."

상상하지 못했던 발언에 영민 팀은 모두 큰 충격을 받았다. 분명히 이론 대로라면 맞는 이야기다. 부족한 사람의 주의력을 끌어올릴 수 있다는 이야기는 평범한 사람의 주의력도 향상시킬 수 있음을 의미한다. 그리고 주의력이 인간의 지능에 영향을 미친다는 것을 고려할 때 이것은 인간의 지능을 향상시킬 수 있다는 것을 의미한다. 하지만 그게 정말로 가능할까?

"이의 있습니다. 방금 강호 군의 발언은 아직 공상에 불과한 것으로 실제로는 불가능한 전망을 이야기하는 것에 지나지 않습니다. 정확한 사실을 근거로 삼아야 하는 토론에서 적합하지 않은 주장이라고 생각합니다."

안나가 발끈해서 일어나 말했다. 그러나 강호도 물러서지 않았다.

"그러는 한빛 초등학교도 실제로는 일어나지 않을지도 모르는 머릿속 정보를 빼내는 기술에 대해 이야기하지 않았나요? 불확실한 이야기를 근거로 삼아 뇌 과학을 더 발전시켜서는 안 된다고 한 것은 한빛 초등학교 팀이었어요. 저희와 뭐가 다른지 모르겠네요."

안나는 꿀 먹은 벙어리가 돼서 다시 자리에 앉았다. 그 문제라면 한빛 초등학교도 할 말이 없었다.

하지만 영민은 그렇다 하더라도 왠지 강호의 말이 마음에 들지 않았다. 물론 뇌 과학이 발전해서 인간의 뇌가 더 발전할 수 있다는 것은 공상 과학 영화에서나 나올 법한 멋진 일이었다. 그러나 막상 그런 일이 실제로 가능하다는 이야기를 듣고 보니 왠지 모를 거부감이 들었다. 정말 그래도 괜찮은 걸까?

"뇌 과학이 주의력 결핍 같은 정신적인 질병을 치료할 수 있다면 그것은 분명 의미 있는 일이라고 생각합니다. 그러나 저는 왠지 거기서 더 나아가는 것은 옳지 않다는 생각이 듭니다."

찬호가 영민이 하고 싶은 이야기를 대신해 주었다. 그러나 왜 옳지 않다고 생각하는지 이유를 명확히 말하지 못했다. 재중은 그 틈을 놓치지 않고 끼어들었다.

"왜죠? 그건 그냥 익숙하지 않은 것에 대한 막연한 두려움 때문은 아닌가요? 콜럼버스가 지구가 둥글다고 했을 때 익숙하지 않은 사람들은 말도 안 된다며 맞섰지만, 결국 지구는 둥근 것으로 밝혀졌습니다. 마찬가지로 아직은 과학의 힘으로 뇌의 기능을 향상하는 것이 익숙하지 않아 거부감이 들 수도 있습니다. 그러나 시간이 지나면 자연스럽게 받아들이게 될 것입니다."

'참 말을 잘한단 말이야.'

영민은 재중이 말하는 것을 처음 본 게 아니었지만, 재중의 달변에 혀를 내둘렀다. 영민 본인도 언어로 표현하기 어려운 감정을 재중이 말을 하니 왠지 '그런 건가?' 하는 생각이 들었다. 하지만 찬호는 재중의 말에 말려들지 않았다.

"음……. 잘은 모르겠지만, 단순히 감정적인 거부감 때문은 아닙니다. 만약……. 만약 정말 뇌 과학으로 인간의 지능을 향상시킬 수 있다면, 그

것은 엄청난 기술이기 때문에 분명히 많은 돈이 들 것입니다. 그러면 돈이 많은 사람들은 그 기술을 이용해 더 똑똑해지고 돈도 더 많이 벌 수 있겠죠. 하지만 돈이 없는 사람들은 그런 기술을 이용할 수 없고, 그러면 부자와 가난한 자 사이에 생물학적인 지능까지 차이가 발생할 것입니다. 지금도 돈이 많은 사람과 없는 사람 사이의 차이가 엄청난데, 그런 차이까지 발생한다면 돌이킬 수 없지 않을까요?"

바로 그것이었다. 영민도 자신의 왠지 모를 거부감도 이것 때문이라는 생각이 들었다. 찬호도 바로 생각이 나지 않았기 때문에 조금 더듬거리면서 이야기를 했지만, 말하는 중에 생각이 정리된 모양이었다.

"비유하자면 성형과 비교할 수 있을 것 같습니다. 원래 성형은 사고나 선천적인 기형을 가진 사람들이 일상생활에 어려움이 없도록 하기 위한 의료 행위였습니다. 그런데 언제부터인가 평범한 사람이 연예인 같은 얼굴을 가지고 싶다는 욕심으로 성형을 남용하기 시작했고, 돈을 벌고자 하는 의사들이 그런 분위기를 더욱 부추겼습니다. 그리고 그 결과는 비슷한 얼굴을 가진 사람들이 많아져서 개성이 없어졌고, 성형 부작용으로 사회 문제가 발생하기도 했습니다. 뇌 과학으로 지능을 높인다는 것은 왠지 뇌를 성형하는 듯한 느낌이 듭니다."

뇌 성형이라는 단어를 듣자 드디어 영민의 머릿속에 맴돌던 생각이 정리가 되었다.

재중의 발언은 논리적이고 객관적일지는 몰라도 감정적으로는 받아들이기 어려운 것이 분명했다. 그리고 그것은 비단 영민 팀 만의 생각은 아니었다.

호르몬으로 인간을 조절한다?

"명성 초등학교의 발표대로 뇌 과학을 통해 뇌 관련 질환을 치료할 수 있고, 심지어 뇌 기능을 향상시킬 수도 있다는 것은 분명 매력적으로 들립니다. 한편으론 한빛 초등학교의 말대로 그런 기술의 과도한 적용은 여러 가지 사회 문제를 불러일으킬 수 있다는 생각도 분명 듭니다."

다행히 사회자도 찬호의 말에 공감하는 모양이었다. 영민 팀을 지도해 준 양지원 선생님은 '아무리 토론에서 논리가 중요하다고 해도 사람을 움직이는 것은 사실이 아닌 감정이다.'라고 말했다. 찬호의 주장은 어떠한 객관적인 사실을 말했다고 보긴 어려웠지만, 누구나 공감할만한 이야기였다.

"그런데 이야기를 듣다 보니 저에게 뭔가 떠오르는 것이 있습니다. 여러분들 혹시 '화학적 거세'라고 들어 보았나요?"

'화학적 거세?'

영민은 처음 들어 보는 이야기였다. 세나 팀도 알 듯 말듯하다는 표정을 지었다.

"화학적 거세란 성폭력 범죄자의 성 충동을 줄이기 위해 호르몬을 투여하는 것을 말합니다. 우리나라의 경우 2011년 7월에 16세 이하 아동을 대상으로 한 성범죄자에게 화학적 거세를 하는 '성폭력 범죄자의 성 충동 약물 치료에 관한 법률'이 시행되면서 최초로 도입되었는데요. 범죄자 본인의 동의를 거쳐야 시행될 수 있도록 한 나라들도 있지만, 우리나라는 법원의 결정을 통해 강제로 시행할 수 있도록 했답니다."

쉽게 말해 성범죄자들의 범죄를 근본적으로 막기 위해서 화학적인 요법을 동원해 강제로 성욕을 줄인다는 이야기였다. 화학 물질을 사람에게 강제로 투여한다는 것은 뭔가 거부감이 들기도 했지만, 흉악한 범죄자를 대상으로 한 것이고, 신체 자체에 큰 해를 주는 것도 아닌 만큼 수긍이 가는 면도 있었다.

"물론 뇌 과학과는 다를지 모르지만, 인간의 정신 작용에 가까운 것을 호르몬 요법을 통해서 강제로 조절한다는 점이 비슷하다고 생각했습니다. 뇌 과학은 아직 현실화되지 않은 부분이 많기 때문에 가정만으로 토론을 해야 하는 한계가 있죠. 하지만 화학적 거세는 현재 이미 여러 나라에서 시행되고 있는 제도입니다. 인간의 정신작용을 외부의 기술로 조절한다는 공통점도 있고요. 이 주제로 이야기를 나누어 본다면 좀 더 발전적인 토론이 될 것 같은데 어떤가요?"

사회자는 원하지 않으면 굳이 받아들이지 않아도 된다는 투로 운을 띄웠지만, 사회자가 평가관을 겸하는 이 토론 대회에서 제안을 받아들이지 않을 도리는 없었다. 만약 거부한다면 준비된 토론밖에는 못 하는 팀으로 평가될 것이다. 아니, 오히려 임기응변 능력을 평가하기 위해서 일부러 준비된 질문인지도 몰랐다. 이 내용에 대해 사전에 준비를 하지는 않았지만, 그것은 저쪽 팀도 마찬가지일 것이었다. 어찌 되었든 위기를 잘 넘겨야 했다.

영민이 할 말을 정리하고 있는 사이 명성 초등학교의 재중이 번개 같이 손을 들었다.

"아무리 범죄자라고 해도 국가가 강제로 한 개인을 거세한다는 것은 거부감이 드는 게 사실입니다. 하지만 제가 알기론 '화학적 거세'라는 단어가 문제지, 사실은 치료에 가까운 것으로 알고 있습니다. 원래 거세의 의미는 성기를 제거한다는 뜻을 가지고 있지만, 화학적 거세는 성 충동이 특히 비정상적인 성범죄자들의 성욕을 줄이기 위해 호르몬제를 투여할 뿐입니다. 마치 식욕이 비정상적으로 왕성해서 비만이 되어 고통받는 사람에게 식욕을 줄이는 호르몬을 주사하여 치료하는 것과 마찬가지라는 겁니다. 따라서 저는 화학적 거세는 큰 문제가 없다고 생각합니다."

재중의 말이 끝나자 안나가 벌떡 일어났다. 뭔가 기묘하긴 하지만 안나와 재중은 아옹다옹하는 가운데 어울리는 구석이 있었다.

"치료라는 것은 본인의 동의가 필수입니다. 환자의 의식이 없을 때도 반드시 가족의 동의가 있어야 수술에 들어가지 않습니까? 그것은 인간에게는 누구나 본인의 운명을 결정할 수 있는 권리가 있기 때문입니다. 따라서 화학적 거세를 치료라고 부르는 것은 보기 좋게 포장하는 것에 불과합니다. 또한 말로는 과다 호르몬 분비자에게 적용한다지만 과다의 기준은 무엇입니까?"

"평균에서 벗어난 사람들이 아닐까요?"

재중이 대꾸했다. 그러나 안나는 콧방귀를 뀌었다.

"모든 사람을 평균에 맞추어야 한다는 생각 자체가 잘못된 것입니다. 그런 논리면 과하게 폭력성을 보이는 사람도 호르몬으로 유순하게 만들자는 이야기가 나올 겁니다. 그러면 다음은 과하게 사회에 불만이 있는 사람도 모두 순종적으로 만들어야 한다고 하겠죠. 그러면 호르몬으로 세상 사람들을 지배하는 권력이 탄생할 것입니다."

안나가 저렇게 말을 잘하다니, 영민은 감탄할 수밖에 없었다. 평소에도 말을 잘하긴 했지만, 저 정도까지는 아니었다. 왠지 재중 덕분에 안나의 실력도 향상된 느낌이었다. 그러나 재중 역시 만만치 않았다.

"그건 과도한 반응입니다. 병을 치료하는 것을 두고 평균에 맞춘다고 하거나 통제한다고 하지 않습니다. 그런 식이면 장애인도 치료하지 않고 두어야 하고 환자도 그대로 두어야 할 것입니다. 호르몬 분비에 이상이 생기는 것은 분명 병의 일종인데 왜 치료하면 안 되나요?"

"장애인도 본인이 치료받길 원하지 않을 때는 치료받지 않을 권리가 있기 때문이죠. 인간의 자유 의지를 무시하는 것은 결코 치료라고 할 수 없습니다."

이야기가 자꾸 반복되는 느낌이 들자 사회자가 끼어들었다.

"자, 재중 군의 말은 어느 정도 자유 의지를 제한하더라도 어차피 죄에 대한 벌을 받는 것이고, 치료와 큰 차이가 없으므로 괜찮다는 의견이네요. 안나 양은 아무리 죄인이라도 강제로 그런 조절을 할 수는 없다는 의견 같고요. 그러면 만약 강제가 아니라면, 원하는 사람에 한해서 호르몬 요법을 실시한다면, 그것은 괜찮을까요?"

사회자의 말이 끝나자 영민은 다시 고민에 빠졌다. 강제가 아니라면 괜찮은 걸까? 자신이 스스로 성욕을 줄이기 위해 호르몬 요법을 선택한다면 그것은 개인의 자유이므로 문제가 없는 것이 아닐까?

영민은 딱히 반대할 이유가 떠오르지 않았다. 그러나 옳다는 생각도 들지 않았다.

"음……. 왜인지는 모르지만, 저는 그렇다 하더라도 화학적 거세를 허용해서는 안 된다고 생각합니다. 앞에서 말했던 '뇌 성형'이라는 개념과 같은 이유에서인데요. 인간의 의지가 아닌, 호르몬의 힘을 빌려 인간의 여러 가지 작용을 조절하는 것은 인간의 가능성을 스스로 제한하는 일이 아닌가 싶습니다."

그때 영민의 머릿속에 번개처럼 스쳐 지나가는 생각이 있었다.

"아 맞아, 운동선수도 중요한 경기를 앞두고 '도핑 테스트'라는 것을 하잖아요? 그 이유는 사람들이 약물 같은 것에 의존해서 순간적으로 향상시킨 신체 능력보다는 인간의 순수한 노력으로 만들어 낸 결과를 더 가치 있게 생각하기 때문입니다. 그것처럼 호르몬 요법은 뭔가 인간답지 못한 것 같습니다. 물론 반대하는 이유가 전혀 논리적이지 않은 것 같긴 하지만요. 히히."

멋쩍어진 영민은 자신도 모르게 웃고 말았다. 사회자도 영민을 보고 미소를 띠었다.

"좋은 발표 잘 들었습니다. 오늘 토론은 이 정도로 하겠습니다."

함께 정리해 보기
뇌 과학의 연구 윤리에 대한 쟁점

뇌 과학은 필요하다	논쟁이 되는 문제	뇌 과학은 필요 없다
사고의 핵심은 뇌이다. 또한 뇌의 여러 작용들은 전기나 화학적 신호로 작동되는 것이 밝혀졌다. 따라서 당장은 어려워도 기술이 발전할수록 뇌에 대해 더 많은 것을 알 수 있을 것이다.	뇌를 분석한다고 우리의 마음을 모두 알 수 있을까?	우리의 마음은 복잡하며 수시로 바뀐다. 그것이 뇌로부터 비롯되었고, 그때 발생하는 신호를 과학적 기기들이 포착할 수 있다고 하더라도 그것은 실체가 아닌 그림자일 수 있다.
신체에 문제가 있을 때 신체를 면밀히 봐야 하듯, 정신 질환이 있는 환자를 치료하기 위해서는 정신을 들여다봐야 한다.	우리의 정신세계가 과학적 분석의 대상이 되어도 괜찮은가?	사람의 사고는 자유로워야 한다. 만약 개인의 생각이 감시될 수 있다면 자유를 상실하게 된다. 따라서 뇌 과학이 우리의 정신까지 들여다보는 것은 옳지 않다.
과학의 힘을 빌려 병이나 장애를 치료하는 데 아무 문제가 없듯, 조금 부족한 기능이 있으면 과학을 통해 향상시키는 것이 옳다.	유전 공학을 통해 인간의 신체를 조절하는 것은 옳은가?	인간을 마치 기계처럼 부속품을 갈아 끼우고 약물로 향상시키겠다는 생각은 인간의 존엄성을 망각한 행동이다.

6장

과학 기술의 불평등

과학 기술은 우리 문명을 비약적으로 발달시켰어. 하늘을 날거나, 먼 거리의 사람과 대화하거나, 우주를 탐험하는 등 과거에는 상상조차 할 수 없었던 많은 일들이 가능해졌지. 하지만 이러한 혜택을 모두가 누릴 수 있는 것은 아니야. 더 좋은 기술일수록 더 많은 비용을 지불해야 하기 때문이지. 그 결과 부자들은 과학의 혜택을 더 받게 되었고, 가난한 사람들은 상대적으로 기술을 마음껏 이용하지 못하게 되었어. 그리고 이러한 차이는 부자를 더 부유하게 만들고, 가난한 자를 더 가난하게 만드는 데 일조하고 있지.

그렇다면 이 문제의 책임은 누구에게 있는 것일까? 과학 기술을 탄생시킨 과학자에게 있는 걸까? 아니면 과학 기술을 이용한 사람들에게 있는 것일까? 더 많은 사람이 과학 기술을 누리도록 과학자가 할 수 있는 일은 없는 걸까? 우리 함께 고민해 보자.

'과학자는 과학 기술 발전에만 힘써야 한다.' 팀

재중 세나 강호

명성 초등학교

대장장이가 자신이 만든 칼의 쓰임새까지 책임질 필요는 없어. 칼을 요리사가 쥐면 훌륭한 요리 도구가 되고, 무사가 쥐면 살인 도구가 되는 것뿐이야. 그런 의미에서 과학자가 자신이 만든 과학 기술이 어떻게 쓰이는지 관여할 필요도 없고 관여할 수도 없는 일이지. 불평등 같은 문제는 사회 구조적인 것으로 문제의 해결은 정치인들이나 시민에게 맡겨야 해. 과학자가 만능인 것은 아니니까.

'과학자는 사회에 도움이 되는 연구를 해야한다.' 팀

안나

영민

찬호

한빛 초등학교

과학자 역시 사회의 일원이야. 즉, 사회를 좀 더 나은 방향으로 바꾸어 가야 할 책임이 있다는 것이지. 그런 의미에서 과학자도 과학 기술이 사용되는 방식에 전적인 책임까지는 아니더라도 고민 정도는 해 볼 필요가 있어. 할 수 있는 일이 없다고? 대장장이가 칼을 만들 때 그 칼이 누구 손에 들어갈지 까지 결정할 수는 없겠지만 되도록 사람을 다치게 하지 않는 안전한 칼을 만들 수는 있어. 마찬가지로 과학자도 사회의 불평등을 해소하는 데 도움이 되는 기술을 연구할 수 있지. 그리고 그때가 되어야 진정한 과학을 통한 인류의 발전이 시작될 거야.

명성 초등학교 VS 한빛 초등학교

"명성 초등학교 토론 반에는 녹음실이 있대."

여섯 번째 토론 전날, 안나는 모두 모인 자리에서 충격적인 소식을 전해 주었다. 내용인즉슨 명성 초등학교 토론반에는 최첨단 장비를 갖춘 녹음실이 있다는 것이었다.

방송반이나 밴드부도 아닌데 왜 녹음실이 필요한가 했더니 아이들이 각각 토론하는 목소리를 분석하여 너무 감정적이지는 않은지, 너무 높거나 낮지는 않은지 등을 판단해서 최적의 톤을 찾아 준다는 것이었다. 안나는 이것을 그 학교에 다니는 친구에게 들었다고 했다. 과연 명문 초등학교다운 시설이었다.

사실 영민도 세나가 처음 전학 갔을 때 따라가는 것을 고려해 보지 않은 것은 아니었다. 그러나 명성 초등학교는 사립초등학교여서 학비가 너무 비쌌다. 비교적 경제 사정이 넉넉하지 않은 영민네 형편으로는 무리가 될 것이 분명했다.

그런데 역시 명문으로 불리는 명성 초등학교는 토론반의 규모도 훨씬 크고 거기에 더해서 최첨단 장비까지 있다는 것이다. 어쩐지 처음부터 초등학생들 치고는 너무 수준이 높다고 생각했다. 양지원 선생님의 표정이 금세 어두워졌다.

"어쩌지? 얘들아. 미안하게도 우리 동아리 예산으로는 그런 녹음실은 좀 무리일 것 같은데."

선생님의 말을 들은 찬호가 당황하면서 그런 게 아니라고 다급하게 손사래를 쳤다.

"아니에요, 선생님. 저희는 그런 녹음실 없어도 잘할 수 있어요. 안나야, 너는 왜 갑자기 명성 초등학교 이야기를 꺼내서 선생님을 곤란하게 만드냐?"

안나도 죄송해하며 급히 고개를 저었다.

"그런 의미로 말한 게 아니에요. 선생님, 저는 단지 그런 엄청난 학교랑 저희가 싸우고 있는데도 불구하고 잘해 나가고 있다는 의미로 말씀드린 거였어요."

"맞아요, 이게 다 선생님 덕분이에요. 선생님은 그런 녹음실보다 저희에게 훨씬 소중해요."

그 말을 들은 선생님의 얼굴이 조금 밝아졌다.

확실히 현재까지의 토론 결과를 보았을 때 영민의 학교가 약간 밀리는 것은 사실이었지만, 그래도 우려했던 것보다는 훨씬 좋은 상황이었다. 이건 모두 양지원 선생님이 영민, 찬호, 안나를 열과 성의를 다하여 지도해 준 덕분이었다.

"너희가 그렇게 말해 주니 고맙구나."

그리고 영민을 바라보며 말했다.

"그런 의미에서 다음 발표는 영민이가 준비해 볼까?"

영민은 뭔가 잘못 들었나 생각했다.

"저, 저요?"

아이들과 선생님의 시선이 영민에게 쏠렸다. 영민은 토론 때보다 더 긴장하고 있었다.

"저, 저는 아직 준비가……."

"선생님이 보기에 영민이는 충분히 준비가 된 것 같은걸? 이번이 아니면 첫 발표를 할 수 있는 기회가 없을지도 몰라."

'굳이 그런 기회가 없어도 괜찮은데…….'

영민은 차마 속마음을 말할 수 없었다. 선생님과 아이들의 기대가 느껴졌기 때문이다.

사실 토론의 승패보다 '경험'을 쌓는 것 자체를 더 중요하게 생각하는 선생님은 모두에게 한 번씩 기회를 주고 싶어 했다. 하지만 영민은 자기 때문에 안 좋은 결과가 생기면 어쩌나 하는 걱정 때문에 쉽게 결정할 수가 없었다.

"야, 뭘 그렇게 고민하냐? 토론 대회에서 진다고 인생이 끝나는 것도 아니잖아."

찬호가 영민의 어깨를 치면서 힘을 북돋아 주었다.

"그래, 찬호 말이 맞아. 네가 못해도 우리가 잘하면 되니까 걱정 마. 그리고 좀 못하면 어때?"

처음엔 어색했지만, 토론을 계속하면서 어느새 친해진 안나도 마찬가지였다.

사실 영민도 이번엔 첫 발표를 하고 싶기도 했다. 왜냐면 이번 토론의 주제가 바로 '과학 기술의 불평등'으로 어찌 보면 명성 초등학교와 한빛 초등학교의 차이를 말하는 것이기 때문이다.

과학이 발달할수록 불평등해진다?

"현대 사회는 정보화 사회라는 말을 많이 들어보셨을 겁니다. 정보화 사회란 농사나 공장에서 만들어 낸 농작물이나 물건이 가장 중요한 자원이자 가치였던 과거와는 달리 정보가 가장 중요한 자원이 되는 사회를 말합니다. 따라서 정보화 사회에서는 정보를 쉽게 얻을 수 있는 컴퓨터나 스마트폰을 잘 다루는 것이 무엇보다 중요합니다. 정보를 얻을 수 있는 정보 기술IT 도구가 없는 사람은 마치 농경 사회에서 낫이나 곡괭이가 없는 것과 같기 때문이죠."

예정대로 영민의 발표로 토론이 시작되었다. 영민은 오늘을 위해 전날

밤늦게까지 준비하였지만, 떨리는 가슴을 진정시킬 길이 없어 우황청심환까지 먹었다. 그리고 반쯤 정신이 나간 상태로 준비해 온 원고를 읽고 있었다.

"그런데 이러한 컴퓨터와 스마트폰은 공짜가 아닙니다. 지금 거의 대부분의 집에 컴퓨터가 있고, 사람들이 스마트폰을 들고 다니기 때문에 모든 사람이 충분한 정보 기술$_{IT}$ 기기를 가지고 있는 것 같지만, 실제로 2020년에 과학 기술 정보 통신부에서 발표한 내용에 따르면 약 29퍼센트 정도의 가정이 집에 컴퓨터를 가지고 있지 않은 것으로 나타났습니다."

아이들은 의외의 숫자에 놀라지 않을 수 없었다. 주변을 보면 컴퓨터를 가지고 있지 않은 집이 없는 것 같은데, 실제로는 무려 3분의 1정도의 가정에 컴퓨터가 없는 것이다. 어떻게 이런 현상이 나타난 것일까?

"게다가 더 중요한 것은 서울 경기 지역은 90퍼센트 이상의 가구가 인터넷을 이용하고 있다는 겁니다. 전남이나 강원 같은 외곽 지역의 경우엔 이보다 10퍼센트나 낮은 인터넷 이용률을 보이고요. 즉, 잘사는 지역일수록 컴퓨터와 각종 스마트 기기들을 이용해 인터넷 사용률이 더 높다는 것이죠. 그리고 이것은 결국 정보 불평등으로 이어집니다."

주변의 집들에 거의 대부분 컴퓨터와 스마트 기기들이 있는 것처럼 보였던 이유는 영민과 친구들이 서울에 살기 때문이었다. 그러나 지방으로 가면 이야기가 다를 수 있다. 이는 지역과 소득 수준에 따라 정보 습득에 차이가 있을 수 있다는 뜻이다.

영민은 목소리에 힘을 실었다.

"디지털 불평등이란, 이렇게 인터넷 보급률에 차이가 나기 때문에 결국 사람들 간의 정보 습득이 불평등하게 나타나는 현상을 말합니다. 비단 컴퓨터만 그런 것이 아닙니다. 우리가 늘 쓰는 스마트폰이나 TV도 마찬가지인데요. 스마트폰의 경우 우리나라는 2019년을 기준으로 전 국민 중 95퍼센트가 스마트폰을 사용하는 것으로 나타났습니다. 우리나라는 세계에서 가장 높은 보급률을 자랑하고 있지요. 반면에 국민의 소득 수준이 낮은 다른 나라들은 어떨까요? 예를 들어 인도의 경우에는 스마트폰 보급률이 30퍼센트도 되지 않는다고 합니다. 즉, 소득 수준이 높을수록 스마트폰 보급률이 높고, 소득 수준이 낮을 수록 스마트폰 보급률이 낮다는 이야기입니다."

영민도 자료를 조사하면서 충격을 받았던 대목이었다. 컴퓨터는 그렇다 쳐도 스마트폰은 집집마다 있을 거라고 생각했다. 모든 가족이 하나씩 갖고 있는 게 당연하다고 생각했기 때문이다.

그러나 국민 소득이 낮은 다른 나라와 우리나라를 비교를 해 보니 경제적 상황이 좋지 않아서 생활도 힘든데 스마트폰까지 가지고 있기는 어려울 것 같았다. 영민은 자신은 당연하게 여기는 삶이 당연하지 않은 사람도 있다는 것에 많은 생각이 들었다. 허나 더 큰 문제는 이러한 현상이 심화될 것이라는 점이었다.

"미국 안에서도 흑인과 남미계 사람들은 백인이나 아시아계에 비해 인터넷 접속률이 낮다고 합니다. 흑인과 남미계 사람들이 경제적인 이유로 스마트폰이나 컴퓨터를 구매하지 않기 때문입니다. 문제는 앞서 말씀드린 대로 정보화 사회에서 정보에 접근하기 위해서는 정보 기술IT 기기가 필요한데 이렇게 정보 기술IT 기기가 없는 사람들은 정보를 획득하거나 만들어 내는 능력이 크게 떨어질 수밖에 없다는 것입니다. 그러면 당연히 정보화 사회에서 경제적 가치를 만들어 내지 못하여 경쟁에 더욱 뒤쳐질 것이고요. 따라서 빈부 격차가 심화될 수밖에 없을 것이고, 이는 다시금 결국 정보 접근성을 떨어뜨려 더 큰 차이를 만들어 내는 악순환이 될 것입니다."

첨단 기술에서 소외된 사람들

영민이 발표를 마치고 자리에 앉았다. 걱정을 많이 했지만, 다행히도 큰 실수 없이 마칠 수 있었다. 그동안 다른 친구들의 발표를 많이 봐 온 덕분이었다. 이번 토론 대회를 통해 확실히 영민의 발표 실력은 크게 향상된 듯했다.

이어서 안나가 발표했다.

"과학 기술 접근성에 대한 불평등은 이것만이 아닙니다. 대표적인 예로 의료 분야를 살펴보죠. 의학 기술의 발달로 과거 불치병이었던 많은 병들이 정복되었습니다. 그것은 분명 과학 기술의 발달이 가져다준 선물이지만 문제는 그 가격이 너무 비싸다는 것입니다. 암 치료 한 번에 수억 원씩 드니까요. 돈이 없는 사람은 치료법이 있더라도 사랑하는 사람이 죽는 모습을 무기력하게 지켜봐야 합니다. 과학 기술이 모두에게 고르게 분배되지 못하여 생명의 값에도 차이가 나는 세상이 된 것이죠. 그리고 자동차나 비행기의 발달로 사람들이 더 빠르게 이동할 수 있게 되었지만, 비행기를 한 번 타는 데 백만 원이 넘게 들고, 자동차값도 만만치 않아서 가난한 사람들은 걸어 다니거나 대중교통을 이용할 수밖에 없습니다. 그런 경우엔 자동차로 빠르게 움직이면서 일 처리를 할 수 있는 사람과 그럴 수 없는 사람 간의 능력 차이가 점점 커질 수밖에 없겠죠. 이는 결국 디지털 불평등 문제처럼 악순환을 심화시키는 역할을 합니다. 이처럼 사람을 위한 과학 기술이 오히려 인류에 독이 되는 현상은 분명 개선이 필요합니다. 또 지금의 과학 기술 발전을 다시 생각해 봐야 한다고 생각합니다."

안나의 발표가 끝나자 그동안 조용히 있던 재중이 일어나 발표를 시작했다.

"앞서 정보화 사회에서 정보 기술π 기기가 없는 것은 농경 사회에서 낫과 곡괭이가 없는 것과 같다고 하셨는데, 그 당시의 낫과 곡괭이도 공짜는 아니었습니다. 그리고 돈이 있어야 의료 기술의 혜택을 더 받을 수 있다고 하셨는데, 과거에도 더 가진 자가 더 건강하게 오래 사는 것은 일반적인 일이었습니다. 물론 어쩔 수 없으니까 포기하자고 이야기하는 것은 아닙니다. 다만 그것은 과학이 발달해서 나타난 문제가 아니라 예전부터 지금까지 계속된 사회 문제라는 것이죠. 사회 문제는 분명히 해결해야겠지만, 그것은 정치인이나 행정가의 몫이지 과학자의 영역이 아니라고 생각합니다."

과학 기술이 불평등하게 쓰이고 있다는 것 자체는 인정하지만, 그것이 과학자들의 잘못은 아니라는 뜻이었다. 재중의 발언은 조금 냉정하게 들리는 느낌도 없지 않아 있었지만, 토론에서 그것을 흠잡을 수는 없었다. 어디까지나 감정보다는 논리가 우선시 되어야 했다.

"그 점 인정합니다. 정부 혹은 공공 기관에서 과학 기술을 누구나 쉽게 이용할 수 있게 노력해야 합니다. 그러나 자본주의 사회에서는 과학 기술도 곧 기업의 특화 기술이 되고, 자본력으로 기술 발전을 시켜서 결국에는 공공을 위한 기술이 아닌 자본을 위한 기술이 됩니다. 이러한 현

실에서 과학자가 '나는 연구하고 기술만 발전시키면 돼. 국민의 형평성을 위해서는 정부가 알아서 할 거야.'라고만 한다면 사회는 어떻게 될까요? 정부와 공공 기관에서 완벽하게 제 기능을 수행한다면 모르겠지만, 그러한 기대는 비현실적인 것이 아닐까요? 저는 과학자도 사회에 속한 구성원인 이상 사회에 관심을 가져야 한다고 생각합니다. 과학의 발전이 사회의 불평등을 심화시키는 결과를 낳는다면, 자신의 연구 가치를 다시 생각해 봐야 한다고 생각합니다."

안나가 바로 반격을 했지만 재중도 만만치 않았다.

"과학자도 사회 구성원이므로 사회에 관심을 가져야 한다는 것은 맞습니다. 하지만 기본적으로 과학자의 주된 목표는 과학 발전입니다. 그리고 그렇게 발전된 과학을 어떻게 쓸지를 결정하는 것은 다른 사람들의 몫이라고 생각합니다. 이것은 마치 칼을 쓰는 사람에 따라 칼이 훌륭한 요리 도구가 될 수도 있고, 위험한 무기가 될 수도 있는 것과 같습니다. 사용 후의 결과에 책임을 져야 하는 것은 당연히 사용한 사람입니다. 그런데 칼을 만드는 사람에게 너무 날카로우면 사람을 죽일 수 있으니 칼을 더 이상 발전시키지 말라고 이야기하는 것은 말할 대상을 잘못 고른 것이 아닐까요?"

안나도 잠시 말문이 막히는 눈치였다. 칼은 날카로운 것이 목적인데 칼을 너무 위험하게 만들었다고 만든 사람을 탓할 수 있을까? 칼은 위험한 흉기가 될 수도 있지만, 쓰기 나름이지 않은가? 안나가 머뭇거리는 사이 찬호가 옆에서 도움을 주었다.

"물론 칼을 만든 사람에게 모든 책임이 있다고 할 수는 없겠지만, 적어도 칼을 안전하게 만들어 주길 바랄 수는 없을까요? 옛날에는 과학이 몇몇 여유 있는 사람들의 개인적인 지적 활동이었던 것과는 달리, 오늘날 대부분의 과학자들은 국가나 대학의 보조금을 받아 연구하고 있습니다. 당연히 그 돈은 일반 시민들이 낸 세금이죠. 즉, 과학자들은 모든 사람을 위한 연구를 할 의무가 있다는 말입니다. 저희는 모든 과학자들이 사회 문제 해결에 머리를 싸매야 한다고 말하는 것이 아닙니다. 하지만 적어도 사회를 더 좋은 방향으로 나아가게 할 수 있는 연구를 위해 어느 정도는 노력을 해 줘야 하지 않을까요? 혹은 그러한 마음가짐은 항상 가지고 있어야 한다고 생각합니다."

재중은 물러서지 않았다.

"어떤 일이 더 가치 있는 일인지는 어떻게 판단하죠? 자연 과학만을 평생의 탐구 과제로 삼아 온 과학자들이 어떤 것이 더 사회에 가치 있는 일인지 판단하는 것은 쉬운 일이 아닙니다. 그래서 그것을 판단하기 위해 국가와 행정 기관이 있는 것입니다. 그리고 국가는 사회에 더 필요한 연구를 지원하여 좀 더 나은 세상이 되도록 하는 것이죠. 이미 그런 일을 담당하고 있는 기관이 있음에도 불구하고 과학자가 가치 판단까지 하는 것은 쉬운 일도 아니고 효율적이지도 않습니다."

과학자가 가치 판단을 하지 않을 때

"이 사진 속 인물을 아십니까?"

찬호가 사진 한 장을 꺼내 들었다. 뭔가 과학자 같기는 한데 영민이 아는 얼굴은 아니었다.

'유명한 사람인가?'

"지금으로부터 불과 100년 전까지만 해도 화학 비료는 세상에 없었습니다. 동물의 똥이나 볏짚 등을 섞어서 썩힌 퇴비를 자연적인 비료로 사용했을 뿐이죠. 하지만 짐작하실 수 있듯이 이러한 자연적인 비료는 만들기가 어렵고 만든다고 하여도 그 양이 충분치 않습니다. 그런데 인구는 점점 증가하고 있으니 식량 부족 문제가 생기는 것은 뻔한 일이었죠. 화학 비료를 만들기 어려웠던 이유는 식물의 성장에 필수적인 영양소인 질소를 얻기가 힘들었기 때문입니다. 그래서 땅에다 질소를 공급해 주는 식물인 콩을 재배하거나, 초석이라는 질소가 포함된 돌가루를 대신 사용하기도 했습니다. 하지만 역시 충분한 작물을 재배하기에는 역부족이었습니다. 이때 이 문제를 해결한 사람이 바로 '프리츠 하버'입니다. 공기 중에 있는 질소를 수소와 합성시켜 암모니아를 대량으로 만들 수 있는 방법을 개발했습니다. 그리고 암모니아는 식물에 질소를 공급할 수 있었죠. 결국 하버 덕분에 식량을 대량 생산하여 인류를 굶주림에서 구원할 수 있었던 것입니다. 그 공로를 인정받아 하버는 1918년에 노벨 화학상을 수상했고 오늘날에도 40퍼센트 정도의 비료가 하버의 방법을 이용해서 생산되고 있으니 하버가 얼마나 인류에 큰 공헌을 했는지는 짐작하실 수 있을 것입니다."

한마디로 전 세계 인구의 40퍼센트 정도는 하버 덕분에 밥을 먹을 수 있다는 말이었다. 당연히 땅만 있으면 작물이 잘 자라는 것으로 생각했던 영민은 처음 안 사실이었다. 그런데 갑자기 이 위대한 과학자의 이야기를 꺼낸 이유는 무엇일까?

"하버는 인류 역사에 이런 엄청난 공헌을 하였지만, 그에 비해 그렇게 많이 알려지지 않았습니다. 왜일까요? 그 이유는 하버가 뛰어난 화학 지식을 이용해 제1차 세계 대전 때 독가스를 개발하여 수십만 명의 병사를 학살한 장본인이기 때문입니다."

순간 정적이 흘렀다. 노벨상까지 받은 위대한 과학자에게 그런 면이 있었다니 상상도 못 한 일이었다. 찬호는 그 틈을 놓치지 않았다.
　"이것이 바로 과학자가 가치 판단을 하지 않을 때 벌어지는 일입니다. 물론 하버는 나라에서 요청한 연구를 수행했을 뿐입니다. 나라는 그 순간 가장 필요한 연구를 하버에게 지시한 것이죠. 하지만 그 결과는 인류 역사상 최악의 무기인 독가스의 발명이라는 끔찍한 결과를 낳았습니다. 또한 하버가 개발한 살충제인 화학 물질은 후에 나치에 의해 치클론 B$_{Zyklon\ B}$라는 물질로 변형되어 수백만 명의 유대인을 학살하게 됩니다. 이것은 하버가 직접 관여한 일은 아니었지만, 어느 정도 일조를 한 것은 사실입니다. 또 그러한 살충제를 독가스로 변형시키는 일에는 분명히 어떤

과학자가 관여했을 것입니다. 그런 과학자를 원하시는 건 아니겠죠?"

찬호가 재중의 의견을 물어보듯이 말을 던졌다. 재중은 갑자기 꿀 먹은 벙어리가 되었다.

"음······. 아, 물론 그런 것은 아닙니다."

토론을 시작한 이래로 이렇게 재중이 당황하는 것은 처음이었다. 그만큼 하버의 예는 적절했다. 재중은 좀처럼 할 말이 떠오르지 않는 모양이었다. 그도 그럴 것이 조금 전까지만 해도 과학자는 가치 판단을 하지 않고 정부에게 맡겨야 한다는 주장을 했는데, 찬호의 말에 따르면 하버를 옹호하는 것처럼 되어 버리기 때문이다. 아무리 냉정한 재중으로서도 하버의 편을 드는 것은 쉬운 일이 아니었다. 그때 강호가 지원에 나섰다.

"그 예는 너무 극단적이라고 생각합니다. 전쟁 중이라는 특수한 상황에서 일어난 일인 만큼 예외로 봐야 한다고 생각합니다."

"그런가요? 그 말은 전쟁 중에는 그래도 된다는 것처럼 들리는데요."

"그건 아니고······."

강호도 말문이 막혔다. 찬호는 공세를 이어 갔다.

"모르는 사람이 없는 20세기의 가장 유명한 과학자인 아인슈타인은 순수한 목적으로 상대성 이론을 연구하여 뉴턴 이후 최대의 혁명을 이루어 냈습니다. 하지만 결국 그의 이론은 원자 폭탄이라는 최악의 무기를 탄생시키는 데 이용되었습니다. 물론 아인슈타인은 그 사실에 대해서 두고두고 후회했고, 죽을 때까지 반핵 운동을 벌였습니다. 이것 또한 과학자 역시 가치 판단을 하지 않을 수 없다는 것을 보여 주는 좋은 예라고 할 수 있습니다. 지금은 물론 전쟁처럼 극단적인 상황이 아니지만, 오히려 그렇기 때문에 지금이 더 위험할 수 있습니다. 전쟁은 사회가 나빠지는 것이 극적으로 눈에 보이기 때문에 그나마 판단을 내리기 쉽지만, 지금처럼 조금씩 사회가 병들어 가는 경우에는 눈에 잘 보이지 않기 때문입니다. 따라서 과학자들도 경계심을 늦추지 말고, 혹 자신의 연구가 악용될 소지는 없는지, 사회의 격차를 더 키우는 결과를 낳지는 않을지 등을 고민해 봐야 한다고 생각합니다."

찬호의 이야기에 더 이상 아무 말도 못 할 것처럼 보였던 명성 초등학교 팀에서는 팀장 재중이 주저하듯 일어서며 이야기를 꺼냈다.

"흠, 한빛 초등학교의 주장에 반박하는 것은 아니지만, 현대 첨단 과학은 자본의 힘 없이는 발전이 어렵습니다. 그렇기에 앞서 자본의 힘에 따라 과학 기술이 발전하는 것이 잘못된 것만은 아니라는 것을 덧붙여 말하고 싶습니다. 또한 사회 모두를 위해서만 과학 기술을 발전시키면 독창적이고 다양한 기술 개발이 어려울 것 같다는 의견을 밝힙니다."

모두를 위한 과학 기술

"두 학교의 발표 잘 들었습니다. 한빛 초등학교의 주장은 과학이 모두에게 평등하게 제공되어야 하고, 그를 위해 과학자는 무엇이 더 옳은지를 끊임없이 고민해야 한다는 것이죠?"

영민 팀은 열심히 고개를 끄덕였다.

"반대로 명성 초등학교의 주장은 궁극적으로 모두에게 과학이 평등하게 제공되어야 하지만, 그것은 사회와 정치인들이 노력해야 할 부분이지 과학자들이 신경 쓸 부분은 아니라는 거고요."

명성 초등학교 팀도 고개를 끄덕이긴 했지만, 왠지 자신이 없어 보였다. 방금 찬호의 예를 듣고 나니 정말 과학자들이 신경 쓰지 않아도 되는지 스스로도 의문이 들었기 때문이다. 하지만 토론이 끝날 때까지 결과를 발표해서는 안 되는 토론 대회의 규칙상 사회자는 별다른 내색을 하지 않았다.

"잘 알겠습니다. 그런데 사회 제도로 세상을 좀 더 평등하게 만드는 것은 일반적으로 이해되는 일이지만, 과학자가 세상을 평등하게 하기 위한 연구를 하는 것에는 어떤 것들이 있을까요? 한빛 초등학교는 그 방법에 대해서도 생각해 본 적이 있나요?"

예상했던 질문이었다. 만약 준비가 안 되어 있었다면 당황했겠지만, 양지원 선생님은 이러한 질문이 나올 수도 있다고 했고, 어젯밤 열심히 이에 대한 대답을 준비해 두었다.

"네. 과학자가 세상에 도움이 되는 방향으로 연구 주제를 잡으면 됩니다. 그 대표적인 예가 바로 '적정 기술'입니다. 적정 기술이란 단지 돈을 벌기 위해 만들어진 기술이 아니라, 그 기술이 필요한 지역의 여러 가지 조건을 고려해 해당 지역에서 지속적인 생산과 소비가 가능하며 인간 삶의 질을 궁극적으로 향상시킬 수 있는 기술을 말합니다. 즉, 정의에서 알 수 있듯이 그 사회 자체를 고려하지 않고서는 나올 수 없는 기술입니다."

"'인간 삶의 질을 궁극적으로 향상시킨다.' 뭔가 좋아 보이긴 하는데, 정말 그런 것이 가능한가요? 실제로 현실성이 있는지 궁금합니다."

이대로 당할 수만은 없다고 생각한 명성 초등학교의 강호가 질문을 던졌다. 하지만 그 역시 예상했던 바였다.

"그렇게 생각하실 것 같아서 예를 준비해 왔습니다. 사진을 먼저 보시죠."

그러면서 영민은 두 장의 사진을 꺼내 들었다.

"첫 번째 사진은 아프리카의 소녀가 더러운 물을 특수한 빨대를 사용해 마시고 있는 장면입니다. 물이 부족한 아프리카에서는 깨끗한 물을 마시기 위해 무려 여덟 시간이나 걸어서 물을 길어 와야 한다고 합니다. 곳곳에 물웅덩이가 있긴 하지만, 사진에서처럼 흙탕물이거나 오염된 경우가 많기 때문에 마실 수가 없고, 마신다고 해도 병에 걸리기 십상이죠. 이러한 문제를 해결하기 위해 '라이프스트로LifeStraw'라는 것이 개발되었는데요. 한마디로 휴대용 정수기 같은 역할을 합니다. 이 빨대만 있으면 오염된 물도 문제없이 마실 수 있습니다. 게다가 한 개당 2달러 정도의 저렴한 가격으로 큰 어려움 없이 널리 보급할 수 있습니다."

처음 보는 빨대에 아이들의 눈이 휘둥그레졌다. 저런 놀라운 빨대가 있는데도 아이들이 알지 못했던 이유는 한국에는 이러한 빨대가 필요 없기 때문이었다. 특정 지역의 문제를 해결하기 위해 특정 지역에 맞게 만들어진 기술, 그것이 바로 적정 기술이었다.

"두 번째 사진은 컴퓨터죠. 디자인도 예쁘고 크기도 작은 노트북. 그러나 이 노트북의 가격은 단돈 10만 원입니다."

아이들은 다시 한번 놀랐다. 커다란 데스크톱도 아니고 노트북이 10만 원이라니. 물론 아프리카에서 10만 원이 적은 금액은 아니겠지만, 그 정도 가격으로 노트북을 만들 수 있다는 것 자체가 충격이었다.

"이 노트북은 OLPC One Laptop Per Child 사에서 만든 XO라고 하는데요. 아프리카 아이들이 교육에서 소외되는 것을 막기 위해서 교육용 목적으로 만든 컴퓨터입니다. 물론 아프리카의 아이들이 직접 구입하긴 어렵습니다만, 적은 원조만으로도 지원될 수 있다는 데 의미가 있죠."

단순히 생존을 위한 빨대에서부터 더 나은 삶을 위한 교육용 컴퓨터까지, 적정 기술은 모르는 사이에 이미 세상을 조금씩 바꾸어 가고 있었다.

영민의 목소리에도 힘이 실렸다.

"이렇듯 적정 기술은 사회를 더 좋은 방향으로 이끌어 주는 '인간의 얼굴을 한 기술'입니다. 모든 과학자가 이 일에 매달릴 수는 없을 것입니다. 그러나 이러한 기술 개발에 관심을 가지고, 자신의 연구가 사회에 좀 더 도움이 될 수 있도록 노력한다면, 더 나은 세상이 될 수 있다고 생각합니다."

영민은 발표를 마치며 명성 초등학교의 눈치를 살짝 보았다. 나름 스스로의 발표에 자신이 있었지만, 명성 초등학교 팀은 워낙 강적이라 뭐라고 반격해 올지 예측이 되지 않았다. 사실 준비해 온 것이 이것이 전부라 걱정이 되는 것도 사실이었다.

"저희도 좋은 것 같습니다."

의외였다. 재중이 별다른 말 없이 주장을 받아들이다니. 긍정의 말치곤 무뚝뚝하긴 했지만, 그렇다고 마지못해 하거나 비꼬는 느낌은 아니었다. 그저 평소처럼 별다른 감정을 싣지 않았을 뿐이었다. 나름 한빛 초

등학교 팀의 발표에 진정으로 설득된 느낌이었다. 인간미가 좀 없긴 하지만, 인정할 땐 인정할 줄 아는 멋진 모습이었다.

이로써 영민은 겨우 무거운 짐을 벗은 것만 같았다. 양옆에는 우리가 해냈다는 표정으로 찬호와 안나가 웃고 있었다. 기술에 의해 불평등이 있다하더라도 결국 인간은 그것을 뛰어넘을 수 있는 존재이다.

마무리, 토론 대회의 승자는?

"자 그동안 수고 많으셨습니다."

토론의 마지막 날, 예선을 통과할 수 있을지 없을지의 여부가 결정되는 날이다. 그동안 노력의 결과가 발표된다고 생각하자 영민은 두근거리는 가슴을 진정시킬 수 없었다.

"승리 팀을 발표하기 전에, 이제까지의 토론을 정리하는 시간을 가져 봅시다. 그동안 열띤 토론을 함께했던 친구들인데 이대로 헤어지긴 아쉽 잖아요."

오늘은 결과 발표만 있는 줄 알고 있었던 영민은 갑작스러운 사회자의 제안에 긴장이 확 풀려 버렸다. 사회자도 그 사실을 알고 있는지 씩 하고 웃으며 아이들을 돌아보았다. 아무래도 아이들의 긴장을 풀어 주는 것도 사회자가 이 제안을 한 목적 중 하나인 듯했다.

"첫 번째 '원자력 발전'에 대한 토론은 어땠나요? 처음이라 많이 어색했을 텐데요."

 이러한 상황에서도 가장 먼저 정신을 차리는 것은 역시 명성 초등학교의 재중이었다.

 "전 사실 첫 번째 토론 때 뭐라고 했는지 잘 기억이 나지 않아요. 엄청 긴장했었거든요."

 영민은 재중의 말이 자기 속마음을 말하는 건가 싶었다. 자신의 생각과 똑같았기 때문이다. 그것도 명성 초등학교의 재중이, 바늘로 찔러도 피 한 방울 안 나올 것 같은 친구가 긴장을 했었다고? 도저히 믿기지가 않았다.

 "그래요? 저희가 보기엔 너무나 자연스럽게 잘하던데요."

 안나도 의외였는지 다시 물어보았다. 하지만 재중은 이제까지 한 번도 보여 주지 않았던 순한 미소를 지으며 대답했다.

 "그건 다행히도 연습을 많이 해서 겉만 태연해 보였던 거고요. 속은 엄청 긴장해 있었어요. 그래서 표정도 거의 무표정했잖아요."

 '그래서 차가워 보였던 건가!'

 영민은 의외의 반전에 속으로 무릎을 쳤다. 재중도 원래 차가운 아이였던 것이 아니라 사실은 긴장했기 때문에 미소를 지을 여유가 없었던 것이다. 혹은 토론을 위해서 그런 표정을 연습한 건지도 몰랐다. 아무튼 재중은 애초에 냉정한 아이는 아닌 모양이었다. 그래도 전혀 긴장한 것을 알아차릴 수 없었다니, 역시 토론에 있어서 연습의 중요성은 아무리 강조해도 지나치지 않는다.

"첫 번째 토론 때는 명성 초등학교 팀에게 배운 것이 많아요. 특히 원자력 발전의 원리에 대한 자세한 설명은 우리와 같은 나이의 친구들이 맞나? 하는 의심이 들 정도였어요."

웬일로 안나가 명성 초등학교 팀을 칭찬했다. 재중의 고백에 마음이 누그러진 듯했다.

"저희도 마찬가지예요. 사실 저희 학교에 비해서 동아리의 규모가 작다고 해서 크게 걱정하지 않았었는데, 첫 번째 토론 이후로 그게 아니었다는 것을 깨달았죠."

약간은 기분 나쁘게 들릴 수 있는 강호의 발언이었지만, 그 부분은 한빛 초등학교 팀도 같은 생각이었다. 오히려 그러한 차이를 극복하고 이 정도까지 대등한 토론을 펼친 자신들이 자랑스러웠다.

"그렇군요, 그럼 두 번째 '과학 기술의 발전과 환경 문제' 토론은 어땠나요?"

"지금의 자동차 문제처럼 옛날에는 말똥 문제가 심각했다는 것이 재밌었어요."

사회자의 말이 끝나기가 무섭게 세나가 웃으며 대답했다. 어지간히 인상 깊었던 모양이었다.

"그리고 중세 온난기는 저희가 조사할 때는 안 나왔던 자료인데 상상도 못 했던 내용이라 더 당황스러웠어요."

한빛 초등학교 팀을 칭찬하는 세나의 말에 안나가 뿌듯한 표정을 지었다. 충분한 자료 조사가 토론에 있어서 얼마나 중요한지를 보여 주는 좋은 예였다. 반대로 세 번째 토론 때는 한빛 초등학교 팀이 명성 초등학교 팀의 해박한 과학 지식에 한 방 먹었었다.

"세 번째 '우주 개발의 가치'에 대한 토론 때는 광년이나, 우주의 크기 같은 개념을 저희가 확실하게 이해하지 못했던 것 같아요. 그래서 상당히 어려웠어요."

찬호가 아쉬움을 내비치며 말했다. 사실 초등학생이 저 정도의 개념을 이해한다는 것이 오히려 이상하다. 한빛 초등학교 팀이 준비가 부족했다기보다는 명성 초등학교 팀이 대단했다고 보는 것이 맞다. 그런데도 세 번째 토론을 통해서 이러한 과학 토론 때는 최소한 토론과 관계되는 과학 개념은 가능한 한 철저히 이해하고 와야겠다는 교훈을 얻을 수 있었다. 토론 과정에서 오가는 대화를 이해할 수 없으면 토론이 되지 않기 때문이다. 당연히 상대편의 주장에 반론을 펼칠 수도 없다.

"네 번째 '디지털 기술 발전과 인간 소외 현상' 토론 때는 저 자신에 대해서 많이 돌아봤던 것 같아요. SNS에서 보이는 나의 모습이 과연 진정한 나인지, 원래의 저에 비해서 더 멋지게 보이려 했던 것은 아닌지 고민하게 되었어요."

세나의 말이었다. 세나가 SNS에 대해서 언급하자 영민은 괜히 뜨끔했다. 물론 그럴 리는 없겠지만, 영민이 세나의 SNS에 들어갔던 것을 들키기라도 한 듯한 기분이었기 때문이었다. 한편으로는 세나가 자신의 SNS에 혹시 찾아온 적이 있는지 궁금하기도 했다.

사회자도 세나의 말에 고개를 끄덕이면서 공감했다.

"그렇군요. 저도 네 번째 토론에서 그런 생각을 했었답니다. 그리고 개인적으로 가장 인상 깊었던 토론은 여러분이 다섯 번째로 논의했던 '뇌 과학과 인류의 행복'이었어요. 뇌 과학이라는 것 자체가 최신 과학 기술에 해당하는 것이기도 하고, 용어도 어려운 것들이 많아서 과연 여러분이 잘 해낼 수 있을까 걱정했었는데, 다들 놀라울 정도로 잘해 주더군요. 덕분에 저도 많이 배웠죠. 하하하."

마지막 날이 되자 사회자도 마음이 편안해졌는지 환한 웃음을 보여 주었다. 그동안 사회자를 볼 때면 사회자이자 사실은 토론의 승패 여부를 판가름하는 평가관이었기 때문에 항상 긴장이 되었다. 그러나 어른임에도 불구하고 오히려 아이들에게 많이 배웠다고 하는 모습에서 그가 좋은 어른이라는 것을 느꼈다.

"마지막 여섯 번째 토론에서는 한빛 초등학교 팀 덕분에 과학 기술의 발전이 오히려 세상을 불평등하게 만들 수도 있다는 것을 알게 되었고, 과학 기술이 좀 더 많은 사람을 행복하게 만드는 일에 쓰이면 좋겠다는 생각을 했습니다."

재중이 의외로 여섯 번째 토론에서 한빛 초등학교 팀

의 의견을 인정하는 말을 하자 영민과 안나, 찬호는 조금 감동을 받았다. 왠지 토론을 할 때는 상대편의 의견을 인정하면 지는 것 같은 생각이 들어 그런 말을 함부로 할 수 없었는데, 오히려 이렇게 인정을 받고 나니 왠지 부끄러운 기분이 들고 토론에 보람이 느껴졌다. 실제 토론에서도 마음 편히 서로 인정할 것은 인정한다면 토론이 훨씬 부드럽게 진행되리라는 생각이 들었다.

사회자도 만족한 듯한 미소를 지으면서 입을 열었다.

"자, 이 정도면 그동안의 토론을 충분히 정리해 본 것 같군요. 그럼 이번 예선전의 승자를 발표하겠습니다. 승자는……."

사회자가 입을 열기 직전의 순간, 영민은 갑자기 조금 전 대회장 앞에서 선생님이 한 말이 떠올랐다.

"우리가 만약 오늘 진다면, 그동안의 노력은 무의미한 것이었을까?"

마지막 결과 발표를 앞두고, 대회장으로 들어가기 전, 선생님은 아이들을 모아 놓고 위와 같이 물었다. 갑작스러운 질문에 영민은 아무 말도 할 수 없었다. 격려의 말인, '잘 될 거야.' '꼭 이길 거야.' 같은 긍정적인 말이 아니라서 더욱 그랬다.

　그때는 이렇다 할 말을 못 하고 시간에 쫓겨 허겁지겁 대회장 안으로 들어왔는데, 지금 영민은 확실히 대답할 수 있을 것 같았다.

　오늘 지더라도 영민은 그동안의 노력이 전혀 아깝지 않을 것이다. 물론 이기면 좀 더 기분이 좋긴 하겠지만, 승패를 떠나 토론을 하는 과정에서 배운 것이 충분히 많았다. 처음엔 관심도 없던 토론에서 영민은 자신의 의견을 조리 있게 이야기하는 법을 배웠고, 상대방의 말을 듣는 법을 배웠다. 또한 자신의 주장을 뒷받침하기 위한 근거를 찾는 법을 배웠으며, 그 과정에서 과학에 대해 알게 된 것도 많았다. 자신이 지지했던 의견에 더 명확한 확신을 얻었지만, 상대편의 의견에도 충분한 이유가 있다는 것을 알게 되었다.

　이 모든 것은 승패보다 더 소중한 것이었다. 세나에게 잘 보이고 싶어서 시작한 토론이었지만, 왠지 이제 그런 것은 크게 중요하지 않은 듯했다.

　토론 그 자체가 즐거워졌기 때문이다. 결과가 어떻게 되든, 영민은 토론을 계속할 것이다.

함께 정리해 보기
과학 기술이 야기하는 불평등에 대한 쟁점

과학 기술이 야기하는 불평등은 과학자의 잘못이 아니다	논쟁이 되는 문제	과학 기술이 야기하는 불평등에는 과학자도 책임이 있다
과학 기술을 어떻게 사용하느냐는 사회에서 결정할 문제로 과학자가 관여할 수 없다.	과학 기술로 야기되는 불평등에는 과학자도 책임이 있는가?	과학자도 사회의 일원이므로 과학 기술을 개발할 때 이것이 사회에서 어떻게 사용될지에 대한 생각이 있어야 한다.
과학자의 연구에 제약을 건다면 자유로운 과학 발전을 저해할 수 있다.	과학자가 자신이 발전시킬 과학의 사회적 가치까지 고려해야 하는가?	아무리 자유로운 과학 발전이 필요하다고 해도 대량 살상 무기나 인류에 해로운 것을 만들어서는 안 되듯이, 과학자에게는 인류의 공동 발전에 도움이 되는 기술을 만들 책임이 있다.